ཐུགས་རྗེ་ཆེན་པོ་ལ་ཕྱག་འཚལ་ལོ།

頂禮大悲觀音

目錄

總　論

與觀音菩薩相遇

千江有水千江月

　　2018年6月，因緣殊勝，我參加四川阿垻州大藏寺一年一度〈觀音甘露法會〉，僧人於大殿修法，一連七天分組輪班24小時不斷持誦〈觀音心咒〉，在家人無法入殿，我獨自在空無一人的居士寮閉關〈紐涅〉（八關齋戒，藏語「紐」指禁食齋戒，「涅」指安住於此境），法本以《聖者大悲千手千眼觀音斷食儀軌》為主，輔以自宗寧瑪派相關其它法本。

　　奇妙地，法會第三天晚上我作夢，夢裡清楚知道自己在作夢；法會圓滿後又作夢，夢中全是觀音菩薩各種化身，還有一些似相識又陌生的人在夢中不斷提供我觀音菩薩在藏區的聖跡資訊……

　　這是我下定決心撰寫本書的近因。

　　另一提筆因緣來自近幾年來，我發願撰寫蓮花生大士在大藏區的聖地，走訪過程，總一再與觀音菩薩的各種化身相遇，四臂觀音、度母、十一面千手千眼觀音等，型式從塑像、唐卡畫、石刻畫到心咒嗡嘛呢唄美吽ཨོཾ་མ་ཎི་པ་དྨེ་ཧཱུྃ།。

　　我相信任何到過西藏的人，都對藏區隨處可見的觀音菩薩留下深刻印象。不只在寺廟大殿能看到莊嚴精美的塑像，就連在偏僻的鄉村、山道、溪澗、湖畔、岩壁，也都會在不經意間，與各種樸實造型的法像邂逅，而ཨོཾ་མ་ཎི་པ་དྨེ་ཧཱུྃ།更是上天下地無所不在。

　　在藏族人心目中，觀音菩薩有著無比崇高的地位，不分僧

俗，既視觀音菩薩是拔苦救難的慈悲代表，也是雪域高原的守護神，更是藏民族起源的創世始祖，人人都以觀音菩薩後代子孫自居。

我自知個人修行才剛起步，斗膽撰寫本書，只是以一個與觀音菩薩有緣，也具足信心的藏傳佛教徒身份，記錄下十多年來行走雪域大藏區時，與觀音菩薩各種寂靜相化身的每一次邂逅。

當然，必定還有很多我錯失的觀音聖跡，只能視爲個人因緣抱憾了。

甘孜藏族自治州石渠縣丹達溝，天然崖壁上有一千多年前的大日如來、觀音菩薩和大勢至菩薩石刻畫。

期望藉由本書，讀者在賞閱觀音菩薩分布於大藏區各聖跡和美麗法像後，對大慈大悲的觀音菩薩，除了神往，也能學觀音（修持觀音法門），做觀音（慈悲救苦救難），成就無上菩提，利益廣大眾生！

我的觀音因緣

　　決定撰寫本書後，回想從小至今自己和觀音菩薩之間的因緣，隨著翻開一甲子記憶扉頁，回到過去，發覺彼此之間一直有所牽繫，只是自己懵懂，又受到俗世紅塵的繁華忙亂給遮蔽，以致淡忘了。

＊　　　＊　　　＊

　　童年住新北市中和鄉下，經常隨阿嬤前往位於南勢角山上的圓通寺，阿嬤總要我們各拿一炷香，隨她輪流在每尊佛像前禮拜，阿嬤口中念念有詞，我和弟妹們卻總心不在焉，東張西望。

　　當我年過半百親近佛教後，方知童年有眼不識泰山，《楞嚴經》記載觀世音菩薩證得耳根圓通而得名「圓通大士」，想當年，圓通寺這佛家寶地，卻只被我們小毛頭當成踏青的好去處。

　　還有幾次，阿嬤率領全家前往五股鄉觀音山凌雲禪寺及登後山硬漢嶺，我對寺廟沒啥印象，但登頂後看到台北盆地及陽光下閃爍的淡水河，涼風送爽，說不清感受，卻從此喜歡登山，高中登頂台灣最高峰玉山，大學取得高山嚮導資格，打下根基，如今年過六十，還能以背包客方式獨行平均海拔4000公尺的大藏區朝聖。

　　眾所皆知五股觀音山係因隔淡水河眺望，像極一尊臥佛而得名，但很少人知道日據時期，日本佛教界從各地佛寺募捐石雕觀

站在自家後陽台與觀音山相望，已過將近30年了。

音像來台，選定內巖（凌雲寺）開山院與外巖（西雲寺）之間，沿途安置觀音像，設置「台北西國三十三所靈場」，時至今日，大部份的石觀音已遺失。

　　1991年，和公婆同住十年後，一家四口搬遷到蘆洲重劃區，新屋緊臨疏洪道堤防，後陽台正對觀音山，我和觀音山再續前緣，春夏秋冬，晨昏朝夕，觀音山饗我以不同風貌，也默默見證了我和家人的喜怒哀樂。

＊　　　＊　　　＊

　　二十世紀末，讀了《西藏生死書》，我懷著無比嚮往前往西藏，由青藏公路入藏，在海拔4000多公尺的那曲停留，參加賽馬節慶，身體還未適應高海拔，吃了高反藥躺在床上，翻來覆去，頭痛欲裂，彷彿整個人即將支離破碎，無技可施下，〈六字真言〉忽然在腦中浮現，我在心中持續持誦嗡嘛呢唄美吽，嗡嘛呢唄美吽……，終於沉沉入睡，一覺醒來，已然適應。

這是我第一回深切體驗到：專心一意持咒，就能產生安定的力量。

＊　　＊　　＊

2001年，為了追尋生命更高境界，我辭去大企業高薪工作，進入法鼓文化出版社，皈依聖嚴法師，修學佛法，這是我人生最大的轉捩點。

法鼓山是觀音道場，聖嚴法師自傳提到他在小沙彌時，學不會課誦，師父便教他禮拜觀音菩薩，於是他每日至少五百拜，持續不懈，終於開啟智慧，之後人生中無論遇到任何障礙，也都在觀音菩薩的加持下撥雲見日。

我在法鼓山農禪寺參加了生平首度〈大悲懺〉法會，拜懺時隨著經文唱誦叩首，瞬間眼淚成串流下，悲喜交集，好像迷路的孩子找到回家的路。其中有段經文，隨著引磬，鏗鏘有力唱誦，信心滿溢，宛如自己已化身為觀音菩薩：

> 我若向刀山。刀山自摧折。
> 我若向火湯。火湯自枯竭。
> 我若向地獄。地獄自消滅。
> 我若向餓鬼。餓鬼自飽滿。
> 我若向修羅。惡心自調伏。
> 我若向畜生。自得大智慧。

＊　　＊　　＊

2002年，因採訪蒙藏委員會與法鼓山合辦的「漢藏文化交

流研習班」（學員係藏籍僧侶），藏傳佛教走入我的生命。對這些紅袍僧侶，我感到特別相應，對他們有一種無法解釋的熟稔感，加上之前旅遊西藏的美好經驗，彷彿開啟本來淡忘的前世記憶，我產生了想要進入藏傳佛教殿堂學習的強烈渴望。

不久，在一位藏傳佛教師姐引導下，我參加了〈紐涅〉閉關，由貢嘎汪秋仁波切主持。仁波切身體孱弱，由侍者攙扶著登上法座，行進中，仁波切以安詳親切又謙遜的微笑環視每個人，那是我第一次近距離見到備受信眾尊崇敬愛的高僧，他走過之處，空氣如海浪隨著紅色僧袍輕晃，向四周散發出慈悲智慧的氣場，所有人全都雙手合十，身體微向前傾，恭敬地隨著仁波切身形移動角度，那個氛圍讓我這還未皈依的門外漢動容。

仁波切在文革期間被關進監獄21年，受盡欺凌折磨，八〇年代被釋放，因收到上師轉世的宗薩欽哲仁波切的邀請函（請他協助在海外成立佛學院），年過六十，身體孱弱的他決定逃離藏區。

當他歷經千辛萬苦，輾轉抵達印度，有人問他：「你在監獄受盡折磨的這些年，曾感到害怕嗎？」他回答：「我最怕的，不是餓死，不是被打死，而是怕對傷害我的人，生起瞋恨，失去慈悲心。」

當時讀到這一段，兩眼溼熱，觀音菩薩就是以這樣無分別的大慈悲心對待無明眾生的啊！

＊　　＊　　＊

2005年因先生工作重心轉移北京，我辭去工作，在先生鼓勵下，獨行滇、藏、川兩個月，接著在西藏大學學習藏語文兩學

期，假日四處朝聖。

2008年春天，尋覓今世上師多時，終於相遇，我皈依了新北市「三根本法洲佛學中心」堪布徹令多傑仁波切，上師為使寧瑪派傳承不斷，除了講授系列大圓滿課程，並於樹林設立閉關中心，安排大圓滿前行閉關修學班，引導弟子趨入寧瑪實修實證之次第法要。

第一次參加閉關，我提早抵達幫忙，清理完佛堂地板、窗戶後，拿著乾淨溼布就往壇城上的四臂觀音佛像臉部擦，沒想到金粉被擦掉了一塊，我嚇得趕緊向中心自首，表明會負責補刷金粉的費用。

四臂觀音並沒有因此離棄我，反而引導我這菜鳥自我激勵，發願持誦〈六字大明咒〉一億遍。從此，除了上座持，下座持，睡夢中也持，嗡嘛呢唄美吽宛如鐫刻在我腦中心中，分秒相隨。

＊　　　＊　　　＊

同年五月汶川大地震發生前一天，我搭大客車沿著地震斷層帶進入藏區，地震發生時，已身在海拔四千公尺的色達縣城。內地乾女兒打來電話問安，才知發生大地震。如果我晚一天出發，後果不堪設想。

接著我待在喇榮五明佛學院，與世隔絕，幾天後才看到電視報導，一幕幕淒慘畫面看得我悲淚上湧，一股衝動，除了捐款，還想親身投入救災，恰好新聞報導「來自中國台灣由佛教團體慈濟和法鼓山組成的支援隊，專機抵達成都雙流機場」，我設法連絡法鼓山舊識，得知支援隊住處後，趕往會合。

途中冷靜思維，發現自己太莽撞了。一見到帶隊法師，我先道歉，法師微笑表示因為趕著出發，抵達後才發現編制缺了一位義工記錄、撰稿、發稿，前一晚他們才集體向觀世音菩薩祈請協助，今天我就出現了。

呵呵，我成了天降神兵嗎？

關懷劫後餘生災民時，不少人表示：當地震發生時；當被困在倒塌房舍等待救援時；當找不到失聯親人身心交瘁時……，無論有沒有宗教信仰，很自然地，口中念誦的就是大慈大悲救苦救難觀世音菩薩的聖號。

＊　　　＊　　　＊

自從接觸法鼓山，體悟到佛法的善妙，我曾多次請購聖嚴法師著作的生活佛法書籍分享弟妹，他們並不排斥，但也無進一步接觸的意願。

直到有一年，旅居美國西雅圖的大妹返國探親，一進我家就問：「大姐，你有沒有佛菩薩各種圖片的書？」我從書架取下幾本，大妹逐一翻看，然後指著一頁觀音菩薩化身像大叫：「就是這個，我夢見的就是這個！」

原來她有一天作夢，夢中出現一尊佛像，望著她一會，然後用英文問：「為什麼你不相信？」醒來後，她覺得非常奇異。

當日恰好一位朋友找她前往法鼓山西雅圖分會舉辦的義賣活動當義工，夢境猶栩栩如生，大妹便欣然答應，就此打破與佛法之間的那層隔閡。

＊　　　＊　　　＊

印度菩提伽耶大覺塔外壁這尊綠度母，滿願靈驗，備受信眾尊崇。

2010年1月，我獨自待在菩提伽耶三週作大禮拜。當地經常停電，大旅館均自備發電機，我住的簡陋民宿無發電機。每個停電夜晚，只適合禪坐、持咒和觀想，除此我也會待在蚊帳裡，以 MP3 聽尼泊爾籍藏族阿尼瓊英卓瑪唱〈大悲心陀羅尼咒〉（即觀音心咒的長軌），她在適當處加上了一些修飾性的轉折音，使平穩的曲調增添了微妙光華，歌聲純淨、透亮，彷彿天籟。

我隨著阿尼輕聲唱誦，在只有一個小天窗的黑暗斗室裡，迴盪成無盡的共鳴，滿滿都是寧靜、綿延的慈悲。連那原本滿室飛舞的蚊子，彷彿也有所感，全都安靜地停在蚊帳上。

　　　　　＊　　　＊　　　＊

　　2014年撰寫《走過倉央嘉措的傳奇》時，我特地前往第六世達賴喇嘛遁走雲遊期間曾去過的察科寺（今稱大藏寺），那是康區最大的格魯派寺廟。

　　寺廟外圍轉經道旁有座小亭台，供奉著紀念倉央嘉措到訪而修建的觀音大士石碑。據說倉央嘉措扮作普通僧人，躲藏在護法殿修持，無人知曉。直到有一天，被一位去過拉薩觀見過他的老僧認出，六世達賴囑咐老僧保守秘密，老僧懇求他留下一些紀念，六世達賴便說：「在我離開後，你在我倆見面這兒立一個觀音大士石碑，見碑如同見我本人！」老僧遵照囑咐。

　　這尊觀音大士三面四臂，頭頂有尊阿彌陀佛，稱為「不空羂索觀世音菩薩」，象徵觀世音菩薩以慈悲的羂索救度眾生，心願不會落空的意思。

大藏寺為紀念六世達賴喇嘛倉央嘉措而立的不空羂索觀音。

＊　　＊　　＊

2015 年，隨上師及藏民朝聖藏印邊境喜瑪拉雅山區蓮師聖地貝瑪貴的神山聖湖，有天經過茂密森林，不遠處忽然傳來老虎的低鳴聲，似在警告，當時只有上師侍者索南喇嘛陪我們三位女弟子墊後，大家互看一眼，繼續往前，老虎傳來第二次鳴叫，感覺更靠近了，索南喇嘛比手勢要我們安靜快步往前走，他同時低聲持誦嗡嘛呢唄美吽，兩位師姐也隨著出聲持誦。

我原本一路就在持此咒，當下持得更連綿，但也同時念頭紛飛，若老虎出現攻擊怎麼辦？沒有可躲藏處，沒有防身棍棒，跑也跑不過老虎。想到其他三人都還年輕，我已活過一甲子，那麼就讓老虎咬我吧，放其他人一條生路。

最終老虎沒有出現。下山後聽當地村民說，山中確實有老虎，已咬死兩個打獵的珞巴原住民。

事後回想，我不知道如果老虎真的出現追咬，我是否還能維持犧牲自己的想法？也有可能就害怕地轉身逃跑了。但無論如何，我對自己在危急當下能生起那樣的念頭，感到一絲欣慰。是長期持誦〈觀音心咒〉加持的威力吧！

＊　　＊　　＊

2016 年，有位顯教師姐 line 給我一張圖片。

「師姐，請問你知道這佛像是什麼嗎？」

「藏傳佛教的四臂觀音，這尊看起來好殊勝喔！」

「你會想供奉嗎？

「因長輩信仰關係，我家中還沒設壇城，不敢隨意請佛像呢。

「這是朋友父親供奉的，往生後，子女不知如何處理，想送人。」

「往生者沒參加佛學中心嗎？可以送中心啊。」

「沒，伯父是自己修行。」

師姐說她再另想辦法，我們結束了談話。

隔天一早固定晨課，誦經後禪坐，這尊四臂觀音佛像忽然無中生有，浮現眼前，似笑非笑地望著我，形象逼真立體，我心中一震。

晨課後，與師姐聯繫，告訴她這事，並說：

「這尊佛像或許和我有緣，你才會來問我，現在若你已圓滿處理就算了，否則我願供奉，並以往生菩薩名義捐款護持弘法。」

此即輾轉與我結緣的四臂觀音佛像。

「啊，昨晚我對這尊四臂觀音祈求，讓我幫朋友圓滿成辦此事，今早就有好消息了，真好！佛菩薩會自己找有緣人，感謝！」

就這樣，請回了這尊四臂觀音佛像。

上師為佛像重新裝臟及開光時，讚歎這尊尼泊爾老件佛像很殊勝，並指示：「家中沒壇城供奉沒關係，只要放高，供水及香即可。」

＊　　＊　　＊

我們佛學中心除了每月固定的大圓滿前行閉關，資深元老汪師姐在揚唐仁波切指導下，發心舉辦108次千手千眼觀世音菩薩八關齋戒閉關，觀修《聖者大悲千手千眼觀音斷食儀軌》，每天只有日中一食及喝水，其它時間完全禁食禁水禁語，以親身體會眾生飢渴之苦，生起大慈悲心。最近兩年並曾舉辦連續十天和十八天的長閉關，感恩我有福報都能全程圓滿，是非常殊勝及難得的經驗。

每年藏曆年，上師固定返回藏印邊境蓮師聖地貝瑪貴（屬印度阿魯納恰爾邦管轄）菩提昌盛寺，舉辦各種法會及十天〈紐涅〉閉關，我有幸參加過多回，每當僧俗二眾在大殿內齊誦觀音長咒和短咒時，藏式獨特的唱腔音律，譜成了天籟，彷彿觀世音菩薩的各種化身全部降臨，遍佈虛空，慈悲而視。

＊　　＊　　＊

2019年1月，我隨上師返回位於藏印邊境蓮師聖地貝瑪貴的

寺廟，寮房使用太陽能發電，一日陽光高照，洗了澡後，我右手持水瓢，用腳掌當刷子清洗浴室，一個疏忽，右腳往前一滑，整個人往後仰跌，水瓢甩脫飛出，左手掌撐地，身體背部和後腦勺先後撞擊地面，發出好大咚咚兩聲。

這一切全發生在瞬間，後跌力道之大及速度之快，讓我根本來不及做出任何對應。幸而，當右腳往前滑，止不住身體後仰要跌倒的剎那，我下意識地立刻出聲持誦〈觀音心咒〉嗡嘛呢唄美吽，倒地後，四腳朝天，躺在冰冷磁磚，閉眼繼續持誦，並進行修持觀音法門的連串觀想，引導身心進入另一時空。

不知過了多久，回到現實，張開眼睛，我緩緩起身檢查，原本最擔心的頭部沒事，只有左手腕受傷。

感謝左手腕，承受並化解了一部份後跌的力道，保住頭部。

感謝這個事件考驗我，在危難的一刻，我已能下意識持誦嘛呢咒。

總　論

淺談觀音信仰

　　觀音信仰最早於印度形成，再往外傳播。至於在印度出現的確切年代，專家學者看法不一，有人認為在西元前；有人認為在西元五世紀；有人認為最晚二世紀就出現在印度北部和西北部，到了五世紀已廣受信奉。

　　觀音菩薩的造像，早期以三聖像形式呈現，而且被刻畫成手持蓮花的「蓮花手觀音」。三聖像通常中央主尊為釋迦牟尼佛，左右是兩位脅侍菩薩，一邊是忿怒相的金剛手菩薩，穿著苦行者服飾，代表智慧；一邊是慈祥相的蓮花手菩薩，王子裝飾，代表慈悲。

　　五世紀後，觀音菩薩的造像開始改變，王族特徵轉淡，地位逐漸提升為獨立的主尊，和釋迦牟尼佛一樣也有脅侍菩薩。在密宗經典中，觀音菩薩就是以普世救度者主角的身份出現。

　　中國僧侶西行求法取經，並遊歷印度各地，從他們寫的傳記也可看到觀音在印度流傳的情形。其中，法顯約於西元400年至秣菟羅遊歷，在其著作《佛國記》提到：「摩訶衍人（指大乘佛教的信仰者）供養般若波羅蜜、文殊師利、觀世音等。」顯然在當時的印度就已存在觀音信仰。法顯本人也虔誠信奉觀音菩薩，他搭船返國時，遇到颶風，虔誠念誦觀音名號，得以平安渡過。

　　不過，《佛國記》並沒有太多有關觀音信仰的內容，專家學者推測可能和法顯沒有到過觀音信仰產生的南印度有關。

　　到了玄奘於西元630～645年間遊歷西北印度時，觀音信仰

已經確立。玄奘取經返回長安後，口述《大唐西域記》，書中有十多處他瞻仰和聽聞觀音菩薩事蹟的記載，顯示從觀音信仰產生的南印度到西北印度都有觀音菩薩的存在，不難看出觀音信仰至此已遍及整個印度。

自印度流行起的觀音信仰，為什麼能在東南亞、東北亞的佛教國家盛行，成為大半個亞洲共同的信仰？學者分析，在十二世紀佛教自印度消失前，觀音菩薩一直受到民眾信奉，佔有重要地位。當佛教傳入各國後，並未試圖取代當地神佛，觀音菩薩也是，祂進入各國後的名稱雖然都不相同，但無論是被賦予哪一種新名稱，都不減損佛教徒對祂的認知和虔誠信奉。

不僅佛教徒虔誠信奉，有些在位者也以觀音菩薩做為王權象徵。例如柬埔寨吳哥窟舉世聞名的石雕像「高棉的微笑」，旅遊資訊說是柬埔寨的四面佛，雕的是佛陀容貌；當地導遊則說是吳哥王雕像；也有人說不是佛陀不是吳哥王，而是觀音菩薩，因吳哥王視己為觀音化身，因此石雕像都戴了王冠。

柬埔寨吳哥窟舉世聞名的石雕像「高棉的微笑」。

曾在雲南建立南詔國和大理國的白族信仰阿吒力教（學者稱其爲滇密），崇拜「阿嵯耶觀音」（阿嵯耶梵語意思是「聖」，即聖觀音）。視觀音菩薩爲立國之王和王室的守護神，以觀音菩薩爲王權象徵。

自十五世紀開始，觀音菩薩也被錫蘭（1972年改稱斯里蘭卡）王奉爲國家保護神。

那麼，爲何觀音菩薩傳入中國後沒有被視爲王權象徵？學者分析是因爲在佛教傳入之前，中國王權早已確立。

此外，由於中華文化的

大理崇聖寺阿嵯耶觀音，隆起的髮髻中有尊阿彌陀佛，男身女相，因身材纖細，寬肩細腰，白族俗稱「細腰觀音」。

博大精深，觀音傳入中國後，本土化轉爲女性，但在印度、西藏、斯里蘭卡和東南亞大部份國家，觀音從沒被視爲女性。敦煌石窟中的十世紀繪畫，觀音也呈現蓄留髯鬚的男性外相。

總而言之，由於觀音菩薩的慈悲發願救世間苦，人們遇到災難時，總是向觀音菩薩祈求，從古到今，諸多感應記載也推動人們對觀音菩薩更加堅信及虔誠，觀音信仰於是無遠弗屆。

觀音信仰傳入中國後，本土化轉為女性，四川安岳毗盧窟水月觀音被歐美人士讚為「中國的維納斯」。

話說西藏，觀音菩薩也被視爲護法神，七世紀建立吐蕃王國的松贊干布和歷代達賴喇嘛都被視爲觀音菩薩的化身。

　　觀音菩薩一直是藏傳佛教的核心信仰之一，在西藏，不分男女老幼，人人誦念〈觀音心咒〉，連三歲小兒也都會念誦嗡嘛呢唄美吽。藏人視觀音菩薩是拔苦救難的慈悲代表，也是雪域高原的守護神，更是藏民族起源的創世始祖。

　　觀音菩薩爲什麼會是藏民族的創世始祖？又怎麼會成爲西藏的守護神？在阿底峽尊者於大昭寺寶瓶柱頂取得的伏藏書《柱間史——松贊干布的遺訓》（以下簡稱柱間史）中有詳細記載。

被視爲觀音菩薩化身的松贊干布泥塑彩繪像。

　　《柱間史》記載藏族祖先由觀音菩薩弟子化身的神猴與羅刹女結合生出猴子猴孫繁衍而成。今日在寺廟的壁畫或唐卡中，還可見繪製神猴與羅刹女及猴子猴孫吃了觀音菩薩賜予的五穀良種後，逐漸轉變爲人的過程。

　　《柱間史》又記載大悲觀音菩薩曾向阿彌陀佛等諸佛發誓，要使雪域眾生獲得解脫，然而雪域眾生乃旁生（指

畜牲）之後，要想調伏並不容易。觀音菩薩明察唯需法治才能教化，也就是需要能主宰萬民的權威——君王。那麼，不如就自己化身爲吐蕃君王，親自教化雪域眾生。

某日，觀音菩薩自天竺南方普陀山遠眺雪域，那裡的眾生因供奉先王拉妥妥日年謝在位時得到的「玄秘神物」，悟性已漸萌發，決定投胎爲南日松贊王的兒子。觀音菩薩化爲一道光芒，沒入王后體內。十個月後，王子誕生，一生下來就具足三十二種大丈夫相和佛所具有的八十種微妙隨好。更奇異地是，頭頂長了一尊阿彌陀佛的頭像。這位王子就是松贊干布。

南日松贊過世後，諸佛與眾菩薩爲身即大悲觀音自性身的松贊干布灌頂，授以身、語、意究竟圓滿的權力，松贊干布從此親自調伏雪域獼猴父羅剎母的子孫後代，稱雄於世，創造了強盛的吐蕃王國。

觀音菩薩的來歷與名號

關於觀音菩薩的來歷，有各種不同主張，莫衷一是。

《佛說大乘莊嚴寶王經》記載觀音是從印度婆羅門教雙馬童神轉化而來。根據婆羅門教經典《梨俱吠陀》記載，觀音原是一對孿生小馬駒，呈現雙馬童神的形象，無比慈悲善良，經常以大神力幫助眾生。釋迦牟尼佛時吸納雙馬童神成為馬頭觀音（觀音菩薩忿怒相），使許多婆羅門教信眾改信佛教。

《觀世音菩薩授記經》記載釋迦牟尼佛往昔曾為國王，當時佛國莊嚴，遠勝彌陀淨土。有一天，國王在庭園中修禪定，從身旁湧現兩朵蓮花，化生出兩位童子，即觀音菩薩和大勢至菩薩。

《悲華經》中，阿彌陀佛和觀音菩薩於名為「善持」的劫世，有過父子因緣。那時阿彌陀佛是轉輪聖王無諍念，有十位太子，觀音菩薩是第一太子，名「不眴」，曾在寶藏佛前發大願行菩薩道，當有眾生需要救度，只要念他名字，若他無法解救眾生煩惱，誓不成佛。寶藏佛讚歎太子的大悲心，授記他為「觀世音菩薩」，為阿彌陀佛的後繼佛，將來成為「遍出一切光明功德山王如來」。

從佛教三世（過去、現在、未來）的觀點來看，這些相異的說法都是可信的。觀音菩薩為度化眾生，在三界六道不斷隨類化現，當然會出現各種不同的身世角色。

至於觀音菩薩的名號，《法華經》是讚頌觀音菩薩的核心經典之一，有很多種漢譯本，現存最早的譯本是西晉月氏三藏竺法

觀音菩薩早已成佛，因大悲願
力才又示現菩薩身，以度化眾
生。（尼泊爾蓮師聖地努日山區
古老木板畫）

護於三世紀譯的《正法華經》，其中第23品便是佛教徒耳熟能詳的〈普門品〉。

> 佛告無盡意菩薩：「若有眾生，遭億百千垓困厄患難苦毒無量，適聞光世音菩薩名者，輒得解脫，無有眾惱，故名光世音。」

說明只要聽聞或稱誦「光世音」這位菩薩的名號便可以得救。

現存第二個譯本即著名的《妙法蓮華經》，鳩摩羅什於西元406年翻譯，以「觀世音」稱呼。

> 無盡意菩薩代大眾提問：「觀世音菩薩為什麼叫觀世音？」佛陀回答：「若有無量百千萬億眾生受諸苦惱，聞是觀世音菩薩，一心稱名。觀世音菩薩，即時觀其音聲，皆得解脫。」

另外，「觀自在」一詞則出現在西元663年玄奘譯的《大般若波羅密多經》，玄奘對舊譯「觀音」和「觀世音」不以為然，主張譯為「觀自在」。不過「觀音」和「觀世音」的稱呼仍被後世持續廣泛沿用。

事實上，不同的譯名源自兩種不同傳本中不同的梵文拼法，第一種譯成觀音、觀世音和光世音，出現較早，稱為舊譯；另一種譯成觀自在、觀世自在或觀世音自在，稱為新譯。

有人或許覺得奇怪，經典中提到觀音菩薩早已成佛，那爲何還稱其爲菩薩呢？《大悲心陀羅尼經》中提到因其大悲願力，不忍眾生苦，才再示現菩薩身以度化眾生。藏語稱觀音菩薩爲「圖皆千波」，字面意思便是大悲心。

觀音菩薩的道場

　　一般都說觀音菩薩的道場在普陀山，但普陀山到底位在何處？

　　普陀是「普陀洛迦」（或譯補怛洛迦）的簡稱，由梵語Potalaka直接音譯，另也有譯成「布達拉」，它原本是印度一座山的名稱，《華嚴經》之〈入法界品〉記載善財童子參訪觀世音菩薩，提到：

> 「於此南方有山，名補怛洛迦，彼有菩薩，名觀
> 自在。」

　　唐代玄奘法師在印度時，也曾到普陀洛迦山附近瞻仰聖地，並詳細記載於《大唐西域記》書中：

> 「國南濱海有秣剌耶山……。秣剌耶山東有布怛
> 洛迦山，山徑危險，岩谷奇傾。山頂有池，其水澄
> 淨，流出大河，周流繞山二十匝入南海。池側有石天
> 宮，觀自在菩薩往來其間。其有願見菩薩者，不顧身
> 命，涉水登山，忘其艱險，能達之者蓋亦寡矣。」

　　現代學者研究，認為《華嚴經》和玄奘法師所記載的這座山就是今日印度西高止山南段，秣剌耶山以東的巴波那桑山，位於

Tinnevelly縣境內。

其後，隨著觀音信仰流傳，各國也相繼出現觀世音菩薩的
「化現道場」，例如，中國有所謂十大觀音道場（包含著名的浙
江普陀山和西藏布達拉宮）；韓國有「三十三觀音聖地」；日本
更加興盛，有所謂板東三十三觀音道場、西國三十三觀音道場和
秩父三十四觀音道場，合稱「日本百觀音道場」。

無論觀音菩薩有多少個不同譯名、不同名號、不同化身和不
同道場，對修持觀音法門的信眾而言，並非那麼重要，只要專注
觀修，一心念誦觀音聖號，觀音菩薩就在眼前當下。

太虛大師也曾開示：「清淨為心皆補怛，慈悲濟物即觀
音。」

無論是在寺廟、野外，無論是在山巔、水涯，只要專注觀修，一心念誦觀音聖
號，觀音菩薩就在眼前當下。

觀音心咒

〈觀音心咒〉嗡嘛呢唄美吽即觀音菩薩的根本咒，又稱〈六字真言〉或〈六字大明咒〉，是觀音菩薩以大慈悲心從五方佛土為六道眾生請來的無上密咒，是諸咒之精華，俗稱嘛呢咒。

頂果欽哲法王曾說：

> 「嘛呢咒不是一串普通的字，它包含了觀音菩薩所有的加持和悲心。……念誦它，閱讀它，用金字優美地書寫它。由於本尊觀音菩薩和其心咒之間是沒有差異的，因此，這些行為將帶來巨大的利益。」

嘛呢咒也是最早傳入藏地的佛法之一，相傳吐蕃第二十七代贊普拉妥妥日年謝時（約西元五世紀），從天上降下「佛法四寶」，其中就有一卷觀音菩薩的密咒經《嘛呢陀羅咒》。

《大乘莊嚴寶王經》記載觀音菩薩說〈六字大明咒〉時，全身放大光明，因此，世尊開示：

> 「此菩薩乃北方不空成就佛之左右上首菩薩也，觀自在菩薩之毛孔無障無礙，亦無能惱，彼毛孔中，普賢菩薩入於其中，而行十二年，尚不能見其邊跡。而見觀音之諸毛孔中各有佛部，而住其中」。
> 「六字大明咒，實難遭遇，若人誦念，當得生於

觀音毛孔之中，即能得到大涅槃。若有持此咒者，則
有無量佛菩薩及三十三天子聚會，四大天王及無量龍
王而來衛護。觀音毛孔中的佛，即當讚歎，善哉！持
此咒七代種族皆能解脫。持此咒者，其人腹中所有諸
蟲當得不退轉菩薩之位。若人於頂上帶持者，即同于
金剛之身，寶塔之相，與佛無二。」

世尊又說自己在過去世曾向蓮花象王佛學習此咒，而蓮花象
王佛是從何處學來的呢？原來蓮花象王佛歷經無數世界，也沒學
到此咒，直到前往西方極樂世界，謁見阿彌陀佛，阿彌陀佛才請
觀音菩薩傳授給他，當時大地震動，天散花雨，種種瑞相現前，
蓮花象王佛獲咒後，普度無數眾生。

從古至今，許多高僧大德闡明〈六字真言〉象徵多重意義，
包含破除六種煩惱、修六般若波羅蜜、度六道眾生、獲得六種佛
身、生出六種智慧等。誦持的廣大功德於《大乘莊嚴寶王經》中
也有記載：

「念此六字，即能斷輪迴，出三界，證聖果，此
六凡（地獄、餓鬼、畜牲、修羅、人間、天上）之表
法也。」

有關嘛呢咒的神奇，藏地自古至今流傳許多故事，其中被普
遍傳誦的是持滿一億遍會長出一顆小牙。康區格魯派大藏寺的祁
竹仁波切曾開示：

各式各樣的嘛呢石刻。

利用流水日夜不停轉動的水轉嘛呢輪。

「佛經說這六字咒，如果一生持滿二百一十萬遍，斷能於死後往生極樂淨土，不墮六道輪迴中；如果持滿一億遍，不論誦者年齡，會長出一顆神奇的小牙；如果誦至二億遍，又再會長出另一顆小牙。大家聽到這話，肯定會懷疑這老僧是不是騙人，甚至可能心中嘀咕這老僧肯定是個瘋子！可是，如是衲騙大家持咒，衲又能得到甚麼好處呢？衲之所以特別提出這一奇妙的事，是因為親眼見證過，知道這絕對是真的。衲年少時外婆非常寵愛我，外婆十分虔誠，誦滿了一億遍觀音心咒，所以她有一顆這種神奇的牙。外婆從不讓別人看到這顆牙，連衲的母親，亦即外婆女兒也未看過，外婆唯獨讓我看。這顆小牙色如珍珠，外表十分閃亮，比普通牙齒略小。吃完飯後，外婆其

高山上克難製成的風轉嘛呢輪，利用山風轉動。

　　它牙齒少不免會有污漬，這顆小牙卻從不會沾上污
漬。以上的確是衲親眼見到的。」

　　除了口誦嘛呢咒，在各種大中小經輪內放置寫有嘛呢咒的經
文，以手轉、風轉、火轉、水轉等各種方式轉動，也同樣具有殊
勝的功德利益，當嘛呢輪轉動時，會產生無比巨大的慈悲能量，
向十方法界蔓延。

　　生於十七世紀，曾以十三年時間實修大悲觀音菩薩、親見本
尊的恰美仁波切，著書《觀音心咒轉經輪功德》，開示嘛呢咒的
傳承由法身無量光佛→報身觀世音菩薩→化身蓮花生→法王赤
松德贊等傳至今日；並引用十多部密續教證以及前輩大成就者論
典、上師聖教、具德善知識們教言，廣大宣說轉經輪功德的不可
思議。

手持轉動的嘛呢輪，尺寸大小各異。

甘肅甘南藏族自治州瑪曲縣娘瑪寺的大藏經轉經輪，世界排名第一。

各式中型轉經輪。

觀音菩薩在藏區的化現

　　《法華經》記載觀音菩薩有三十三種應化身，以因應各種聞法者而示現不同外相。因此，漢地顯宗提到觀音菩薩化身均以三十三化身為主，而密宗一般有所謂六觀音和七觀音之說，主要指觀音菩薩度化六道眾生時有六種化身，各有不同的名稱和形相，包括：化導餓鬼之千手觀音、化導地獄之聖觀音、化導畜生之馬頭觀音、化導阿修羅之十一面觀音、化導人道之不空羂索觀音、化導天人之如意輪觀音。有時則以准提觀音取代不空羂索觀音。

獅吼觀音唐卡。

若是將不空羂索觀音和准提觀音全包括，則變成七觀音。

　　其實在密宗中，觀音化身無可計量，有寂靜相和忿怒相，除了前述七種觀音化身外，還有四臂觀音、蓮花網目觀音、啟目觀音、獅吼觀音、靜息觀音、蓮花手觀音、大悲苦自解脫觀音、大悲勝海紅觀音、普度三惡趣觀音……等，大黑天（梵語

瑪哈嘎拉）也被視爲是觀音菩薩化現的大護法，還有，二十一度母也是觀音菩薩的化現。

在西藏有第二佛之稱的蓮花生大士，被視爲阿彌陀佛的意化現、觀音菩薩的語化現及釋迦牟尼佛的身化現。其所撰述的《消除障道祈請文》與《願望任運自成祈請文》能成滿眾生一切願求，有點像〈普門品〉中所述。

而桑多巴瑞（蓮師吉祥宮殿）的建築型式，底層供奉蓮花生大士，第二層供奉觀音菩薩，第三層供奉阿彌陀佛。從上往下分別代表法身、報身和化身，也說明了

蓮花生大士被視為阿彌陀佛意化現、觀世音菩薩語化現及釋迦牟尼佛身化現。

蓮師和觀音菩薩和阿彌陀佛之間的關係。

無論觀音化身有多少，其實都只是一種圓通妙用所產生的神變，《楞嚴經》中觀音菩薩說往昔祂獲得圓通修證的成就後，產生了四種不可思議的妙用，這些神變使祂可以自在地變化出各種不同形相示現妙法，關鍵在於「眾生應以何身得度者，即現何身

而爲說法。」

　　在豐富多采的藏傳佛教觀音世界中，最常見及最受藏區民眾普遍喜愛的觀音化身，首推「四臂觀音」、「度母」和「十一面千手千眼觀音」。

四臂觀音

　　在藏區到處可見，藏族人最熟悉的觀音形相，無疑便是四臂觀音了，四臂觀音的咒語即嗡嘛呢唄美吽，所以有人也會稱呼四臂觀音爲六字觀音。

　　在藏區，觀音菩薩與文殊菩薩、金剛手菩薩，被尊稱爲「雪域三怙主」和「事部三怙主」，分別代表十方三世諸佛之悲心、智慧與力量，因此又稱「悲智力三怙主」，其中觀音菩薩便是以四臂觀音形相做爲代表。

　　四臂觀音的外觀法相，各具意義：一面四臂，一面代表通達法性，四臂代表四無量心和息增懷猛四種佛行；頭戴五佛冠代表五智；身白色代表自性清淨無垢；左肩披山鹿皮覆左乳，象徵柔軟心；五色天衣代表五方佛；結跏趺坐於蓮花寶座上，代表穩定的禪定境界，也代表智慧方便雙運及輪迴涅槃無二的平等性；中央兩手於胸前合十如持摩尼寶，代表能滿眾生願望；其餘兩手，右手持水晶念珠，代表不間斷地救度眾生脫離輪迴；左手持蓮花，代表出污泥而清淨無染。

　　四臂觀音全身配飾繁多，有耳環、項飾、胸飾、手鐲、腳釧等各式珍寶，整體法相優雅、祥和、端莊，雙目微閉，口小唇薄，輕微含笑，令人一見即心生歡喜與景仰。

三怙主唐卡及石刻畫。

各式四臂觀音。

十一面千手千眼觀音

十一面千手千眼觀音菩薩源自何處？《圓滿無礙大悲心陀羅尼經》記載過去無量劫前，有千光王靜住如來出世，因愍念眾生而宣說〈廣大圓滿無碍大悲心陀羅尼〉（即〈大悲咒〉，又稱觀音長咒）。當時觀音菩薩剛證到初地，一聽聞此咒，立即從初地直登第八菩薩境界，當即立誓為眾生拔苦救難。

> 「若我當來，堪能利益、安樂一切眾生者，令我即時，身生千手，千眼具足。」說完，「應時身上，千手千眼，悉皆具足；十方大地，六種震動；十方千佛，悉放光明。」

以千手千眼代表廣大的慈悲與智慧，視眾生需要何種方式救度，觀音菩薩就用何種方式示現救度。

《柱間史》一書則記載當初大悲觀世音菩薩曾在阿彌陀佛等十一俱胝（一俱胝為一千萬）諸佛面前發菩提心願：

> 「我要於眾生所在之處，讓自己的每一個毛孔和每一剎意念中，都示現三世諸佛的變化身形，使皆證無上菩提。如果我不能使眾生盡皆成就菩提，而獨自成就自在，就讓我的頭顱像花瓣一樣裂開。」

努力教化調伏眾生一段時間後，觀世音菩薩以為眾生皆登上了菩薩地，仔細一看，登上菩薩地的眾生寥寥無幾，經再接再勵努力，依然不見效果，大失

青海玉樹州新寨嘉那嘛呢大殿的
十一面千手千眼觀音塑像。

所望，心想：「我為度眾生如此努力，卻收效有限，看來我是無能為力了，還是好自為之吧。」

念頭才起，已違背了自己誓言，頭顱隨即裂成了十瓣。

這時，阿彌陀佛現身把觀世音菩薩裂開的頭顱合攏到一起說：「你務必在輪迴未盡之際，盡全力去利益眾生。我將助你！」遂將其十瓣頭顱變成十面。加上頭頂的阿彌陀佛，便是十一面。

藏印邊界蓮師聖地貝瑪貴菩提昌盛寺十一面千手千眼觀音壁畫。

度母

度母即漢地所稱的多羅菩薩，唐宋時從梵語直接音譯，藏地則稱度母或聖救度佛母（藏語為「卓瑪」），形相通常是妙齡少女。佛經說祈禱度母可遣除八難和十六難等災難。因此，西藏不分傳承，任何喇嘛和寺廟必做度母修行。

有關度母來源，在不同經典和傳說中有不同說法。

第一說原形來自無量劫前，有一位美麗善良的公主慧月所修成的菩薩，誓願以女身度化眾生，因為以男身修行佛道者眾，以女身修行佛道者稀。因此她發願，直至輪迴盡空，都要以女身度化一切眾生。

各式度母法相。

藏民視松贊干布為觀音化身；視尺尊公主和文成公主為白度母、綠度母化身。

　　第二說，由觀音菩薩大放光明而化現。《大方廣曼殊室利經》〈觀自在菩薩授記品〉記載：

　　「觀自在菩薩入於普光明多羅三昧中，從其面部右目瞳中放大光明，隨光流出多羅菩薩，普告大眾說：『誰在受苦，誰在流溺生死海中，我令誓度！』」

二十一尊度母，本體都是一個，但因眾生根器不同，所求不同，因而示現為二十一尊。

　　第三說，從觀音菩薩悲淚中生出的蓮花化現。觀音菩薩無量
劫救度眾生，有一天，祂以慧眼觀察，發現自己雖然度化了無量眾
生，可是在六道中輪迴受苦的眾生並沒有減少，不禁悲從心生，
淚水不斷流下，匯成淚海，從中生出兩朵美麗蓮花，白度母和綠
度母安坐於蓮花中，合掌發願「誓為菩薩分擔救度眾生的悲願」，
之後，兩尊度母又顯現為二十一尊度母，共同協助觀音菩薩。

最爲信眾所津津樂道的是第三說。

一般視度母和觀音菩薩就是一個本體，所以祈禱度母和祈禱觀音菩薩殊途同歸。因此，度母心咒〈嗡達列度達列度列梭哈〉也廣爲盛行，男女老少朗朗上口，而眾多藏族女性也都取名「卓瑪」。

七世紀，嫁到吐蕃爲妃的尼泊爾尺尊公主篤信佛教，嫁妝除了釋迦牟尼佛八歲等身像、各式佛像、經書和無數奇珍異寶外，也將一尊旃檀度母塑像帶入吐蕃，這尊旃檀度母成爲藏族歷史上第一尊度母佛像。從此，度母從喜馬拉雅山南麓來到藏地，安置於王宮中敬奉，度母信仰由此萌芽，並以美麗慈悲、利益眾生的「度諸苦之母」角色，逐漸在雪域生根，發展成藏族獨特的信仰。一千多年來，有關度母顯靈開口說話的記載數不勝數。

度母最基本的形相都是左手持蓮花（一朵含苞，一朵半開，一朵全開，代表佛、法、僧三寶具足），右手結施願印。一面二臂，面容端莊姣好，寂靜微笑，細腰豐乳，如妙齡少女，頭戴小五佛寶冠，全身花鬘莊嚴，佩戴各種瓔珞珠寶。有時雙足金剛跏趺坐於蓮花月輪，有時屈左展右，右腿向下舒展，成遊戲姿。

綠度母與白度母最大的差別在於身色一翠綠一雪白；綠度母左手所持爲青蓮花（或稱烏巴拉花），白度母持白蓮花（或稱優缽花）；白度母雙手和雙足各有一眼，臉上有三眼，因而又稱七眼佛母，額上一眼觀十方無量佛土，其餘六眼觀六道眾生。

與觀音菩薩相遇

漢地唯一的綠度母道場

西安廣仁寺

廣仁寺正門。

盛夏八月，我從西安玉祥門沿著古城牆北行，這段長約三百公尺的車路，兩旁林蔭夾道，濃密枝椏往車路上空伸展相擁，擋住了炙熱的陽光，盡頭便是廣仁寺，一方靜寂鑲嵌在喧囂都會中。院內蒼松翠柏，花草清幽，殿堂畫棟雕樑，富麗堂皇，混合漢藏風格，屬格魯派。

翻開入口處免費贈送的宣傳單，圖文並茂，標示該寺具有眾多殊勝特點：

> 「陝西境內唯一的喇嘛廟，達賴班禪赴京朝覲的行宮，全國獨有的綠度母主道場，供奉有佛祖十二歲等身像，供奉陝西最大的千手觀音，文成公主王昭君長安奉地……。大慈大悲千手千眼觀世音菩薩像高將近七公尺，以俄羅斯珍貴椴木雕刻，重達兩噸，頭頂阿彌陀佛，全身貼金，金碧輝煌。」

西安為什麼會有主供綠度母的喇嘛廟呢？

話說唐朝，吐蕃王松贊干布派大臣噶爾東贊遠道至長安求親。當時，噶爾東贊帶了一尊用六公斤黃金造的度母像，獻給唐太宗做為禮物。一開始，唐太宗認為吐蕃是化外之地，不樂意將公主遠嫁，百般刁難，但噶爾東贊以才智努力化解，唐太宗終於答應了親事。

文成公主出嫁前，請求唐太宗將供在開元寺的釋迦牟尼佛十二歲等身像隨她到吐蕃，唐太宗雖然有點捨不得這國寶級的佛像，但最終還是答應了。

廣仁寺的大雄寶殿主供佛——莊嚴、精美絕倫的鎏金銅綠度母像

釋迦牟尼佛十二歲等身像被帶走後，蓮花底座留在開元寺空置，當時，松贊干布送的度母像也被供在寺中。有一天，唐太宗出巡開元寺，看到空置的蓮花座，心想：「蓮花座上該供一尊什麼佛比較好呢？」這時，度母像說話了：「皇上，就由我來替代釋迦牟尼佛度化眾生吧！」於是，度母像改被供在原本供釋迦牟尼佛十二歲等身像的蓮花座上。

　　從此，這尊能言度母聲名遠傳，各地信眾不遠千里前來朝拜，「長安綠度母」名聲大於開元寺，人盡皆知。

　　1703年，康熙皇帝在西安修建了廣仁寺，將開元寺這尊度母像以及巨光天母像和一髻佛母像改供奉在廣仁寺。於是，廣仁寺就成了目前漢地唯一的度母道場。一般漢地寺廟大雄寶殿供奉的都是釋迦牟尼佛，只有廣仁寺的大雄寶殿供奉著度母。

Tips

搭乘西安地鐵1號線至玉祥門站，出站往東沿蓮湖路走，穿過長安古城玉祥門後，左轉沿古城牆走約300公尺即可抵達。

原供奉釋迦牟尼佛十二歲等身像的唐代蓮花
底座

文成公主塑像。

釋迦牟尼佛十二歲等身像真身被帶到西藏後，另仿塑了
這尊。

以俄羅斯珍貴椴木雕刻的千手千眼觀世音菩薩像。

廣仁寺寺方說這是全中國第一座黃財神千佛殿，常行此供，是熄滅貧窮積累福德資糧的方便事業法門。

立體門神護法與壁畫四臂觀音
淨土，相得益彰。

殿堂外牆的角落自然顯現出
一尊度母像。

世界海拔最高的觀音道場

布達拉宮

布達拉宮前廣場公園，一汪水池倒映著宮殿歷經歲月洗禮的美麗與哀愁。

布達拉宮位於拉薩市區「瑪布日」（紅山）之上，傳說昔年松贊干布來到紅山時，山體顯現六字眞言幻影，他立即沐浴淨身，鑿開一個山洞做爲修行地，那就是今日的「法王洞」。後來爲迎娶尼泊爾和大唐公主，在紅山修建了一座宮殿，一百年後的盛夏夜晚，不幸被雷電擊中，宮殿在烈火中成爲灰燼，只留下狹小的「法王洞」和松贊干布的本尊佛殿「帕巴拉康」（藏語，意即聖觀音殿）。

　　十七世紀，五世達賴喇嘛在紅山舊址重建宏偉的宮殿，稱爲「布達拉宮」，布達拉是梵語普陀洛迦的音譯，之後歷代達賴喇嘛持續擴建，才有了今日輝煌的規模。

　　布達拉宮整體建築主要分爲兩大部份，白宮是達賴喇嘛處理政務和生活起居之處，紅宮主要用於宗教活動，主體包括歷代達賴喇嘛靈塔和佛殿。從布達拉宮前面廣場仰望，這號稱有九百九十九間房間的大宮殿，由低至高，層層疊疊，結構緊湊，主樓高一百多公尺，全部是土石木結構，是當今世界上海拔最高、規模最大的宮殿建築，藝術表現與宗教意義齊高。

　　在如此雄偉的建築內，最特別的就是那座專門供奉觀音菩薩的殿堂帕巴拉康，位於法王洞頂部。帕巴拉康和法王洞是松贊干布始建的布達拉宮唯一留存至今的兩個殿堂，具有歷史價值，更展現出布達拉宮和觀音菩薩之間的深遠淵源。

　　帕巴拉康內部主供檀香木自在觀音像，是松贊干布的本尊，也是布達拉宮的稀世珍藏。相傳當時以尼泊爾境內的一棵檀香樹幹雕成四尊觀音菩薩聖像，分別命名爲滿願、頂閣、彩金、自在。其中，頂閣、彩金觀音塑像供奉在印度和尼泊爾，滿願觀音

塑像供奉在西藏邊境吉隆鎮，自在觀音塑像則做爲松贊干布本尊供奉在布達拉宮。

這尊觀音像和一些大寺廟殿堂的佛像比起來，小巧玲瓏，高不到一公尺，容顏慈祥，臉部圓潤，貼金和華麗的衣飾彰顯氣勢非凡，在藏族民眾心目中佔有殊勝地位。觀音像立於蓮花金台上已經一千多年，在漫長歲月中，曾因局勢動盪，被移至異地，直到十七世紀中期，才又回到布達拉宮。

在其左右還有兩尊自在觀音菩薩像，一是檀香木雕刻，製作於七世達賴喇嘛時期；一是銅質鎏金，製作於八世達賴喇嘛時期。

十二世達賴喇嘛時，清同治皇帝給帕巴拉康題了一個匾額，以滿漢藏蒙四種文字書寫「福田妙果」，藍底金字，高懸在聖觀音殿的門楣上。

參觀布達拉宮須從南面之形山道拾階而上，山道又名「圓滿彙集道」，

Tips

布達拉宮採預約參觀制，旺季一票難求，參觀時間受限制，而且禁止帶相機進入，建議可買一本圖文並茂、印刷精緻的書籍補強及保存紀念。

由九百多階石板舖成。拉薩海拔3650公尺，在高海拔爬階梯不免令人生畏，但只要身心放鬆，一步一步，宛如經行，就能輕鬆而上。累了就倚欄眺望下方車水馬龍的北京路或瀏覽遠山景緻，暫歇再續行。

帕巴拉康主供檀香木自在觀音像，是松贊干布的所依本尊。（因禁止拍照，本圖取自網路）

布達拉宮南面的之形山道有九百多階，又名「圓滿彙集道」。

海外藏人家中常可見到此合成圖，歷代達賴喇嘛被視為觀音化身；布達拉宮就是達賴喇嘛駐錫的觀音道場。

如今布達拉宮雖不再有達賴喇嘛駐錫，但藏民仍視其為觀音道場禮敬。

長途大禮拜至拉薩朝聖的藏民，最後必定環繞布達拉宮一圈磕大頭。

天成五位一體大悲觀世音

大昭寺

這是我最喜歡的一張大昭寺照片，天空雲朵幻化萬變，寓意無常。

大昭寺修建於七世紀中葉，吐蕃第三十三代法王松贊干布時期，至今已有一千三百多年歷史。

修建的原因，一方面因松贊干布統治時，佛法傳入雪域高原，為了弘揚佛法廣建佛寺；另一方面吐蕃地形恰似仰臥的羅剎魔女，須在魔女心臟及四肢等部位興蓋寺廟，才能鎮壓住羅剎魔女。原本拉薩是一片沼澤地，中央湖泊恰好是羅剎魔女心臟位置，於是興建了大昭寺。十五世紀時，五世達賴喇嘛進行修繕擴建，形成今日規模。

大昭寺全名藏語叫「惹薩噶息墀囊祖拉康」，意思是「四喜神變佛殿」，藏民慣稱「祖拉康」，漢人則稱「大昭寺」，此名與始於十五世紀的「傳昭大法會」有關，為歌頌釋迦牟尼佛功德，格魯派每年藏曆元月上旬開始，召集哲蚌寺、色拉寺、甘丹寺三大寺僧人，在此舉行傳昭大法會和格西學位考試，因此有大昭寺之稱。

寺內有一觀世音佛殿，藏語稱為「圖皆拉康」，中央主供一尊千手千眼十一面觀世音菩薩，有「天成五位一體大悲觀世音」之別稱。

為何有如此特別之名呢？

依《柱間史》內容，記述了松贊干布以吐蕃文字制定頒行「十善法」後，心想：「在我域

天成五位一體大悲觀世音。（因寺內禁止拍照，本圖取自網路）

內可崇佛了，但崇佛需有本尊，若用土石造立本尊像未免太差；用木料造像又易乾裂；用珍寶造像，又恐人心叵測……。」正在傷神，空中眾天子現身，異口同聲：「在天竺南方僧伽拉島（今斯里蘭卡）的沙洲，有一大悲喀薩巴尼神像，在神像背後沙灘下埋著一棵蛇心旃檀樹，你的本尊就在其中，可前往迎回。」松贊干布於是派自己的化身比丘前往迎請，果然在沙灘挖出一根蛇心旃檀樹幹，小心劈開後，一尊潔白如玉的蛇心旃檀天成十一面觀音現身。

大昭寺一開始修建時，工匠白天建，妖魔鬼怪就夜裡拆，三番兩次，無法建成。松贊干布向天成蛇心旃檀觀音本尊祈禱，本尊說：「請塑造一尊您的替身像。」於是召來尼泊爾工匠塑造一尊替身像。

松贊干布親自備料，有化身比丘自八大聖地取來的聖土，有從尼連禪河畔世尊苦行處取來的淨沙，有準備放進塑像內的菩提木雕像三尊，有做塑像心臟的蛇心旃檀觀音和用來做眼珠的珍寶兩顆，還有瀛洲茅草、白旃檀木、蛇心旃檀以及鐵釘、草繩、綢帶等輔料。

松贊干布將材料準備好後放在臥室榻前，叩禱本尊後入睡。隔晨醒來，發現和自己等高的十一面觀音聖像已自然生成，根本不用工匠再塑。

此像自然形成，這是本體；像內裝有那尊天然形成的蛇心旃檀觀音像；傳說松贊干布去世時化光隱入觀音本體；尺尊公主和文成公主也各自化成白蓮花和綠蓮花，再化光隱入觀音的左右乳。因此，這尊佛像被稱為「天成五位一體大悲觀世音」。

大昭寺内迴廊轉經道，藏語稱為「囊廓」，意即內轉，人潮不斷。

《柱間史》另記載：

大悲觀音菩薩大自性身天竺班智達阿底峽尊者
駐錫轟塘期間，有一天正在後山對眾非人講經說法，
遙見紅鐵二山（紅山即布達拉宮所在山名，鐵山即藥
王山）對面雲蒸霞蔚，便問眾非人：「此何功德？」
眾非人回答：「在紅鐵二山對面，有座法王松贊干布
的本尊幻顯神殿，這功德便是那座神殿所致。」

大昭寺喇嘛在一樓庭院進行辯經。

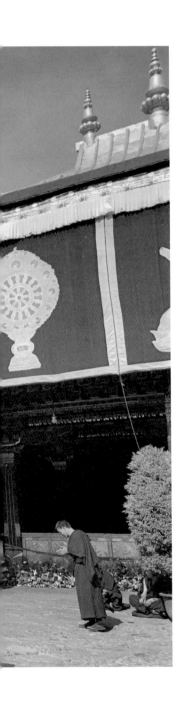

　　隔天阿底峽尊者前往朝觀松贊干布的本尊神殿，一抵達，快步進入幻顯神殿，片刻後出來，問旁人：「剛才看見我前面有什麼嗎？」人皆搖頭。尊者說：「剛才大悲觀世音菩薩現身迎接，對我說『班智達親臨吐蕃，善哉！』我急忙跟隨其後往殿內走，但未能趕上，瞬間祂已隱入五位天成一體像中去了。這尊五位天成一體神像正是大悲觀世音菩薩的真如之體。」

　　尊者大大供奉一番後，環顧四下，感嘆說：「如此幻顯神殿，莫非化身所建，若能知道其原委，豈不妙哉！」

　　當時廊下有位老乞婦（傳說是綠度母化身），平日時哭時笑，裸體街頭，人稱瘋婆，她說：「你想知道這神殿的由來？在寶瓶柱上藏有此神殿建造者寫下的文字，取而視之，便可真相大白。」說完就無影無蹤了。

　　阿底峽尊者從寶瓶柱上果然取出了三帙書卷，一帙是大臣們所寫的《如意明月》，一帙是后妃們所寫的《聖潔素絹》，另一帙便是松贊干布寫的史傳遺訓《柱間史》。

大昭寺頂層的法幢和雙鹿法輪，在藍天下熠熠生輝。

　　大昭寺還有一尊壁畫度母很殊勝，被稱為「能言度母卓瑪達爾嶺瑪」，據說薩迦派高僧八思巴朝拜大昭寺時，向諸佛敬獻哈達，來到這面繪有度母的壁畫前，他獻上哈達放地上，度母突然開口：「給我獻上來。」因此得名「卓瑪達爾嶺瑪」，意思就是「接哈達度母」。

Tips

大昭寺位於拉薩老城區，外圍即著名的八廓街（俗稱八角街），寺內未限制參觀時間，若時間充裕可仔細參觀，聽地陪介紹各佛殿及講述已傳說一千多年的精采故事。不過因參觀人潮眾多，佛殿窄小，加上酥油燈燃燒，空氣較不流通，還未充份適應高原者，要小心頭昏及胸悶。

從大昭寺頂樓眺望，布達拉宮矗立在不遠的紅山上。

西藏最大的度母像

功德林寺

功德林寺的入口隱藏在巷弄深處。

寺內壁上有幅玻璃裝裱的老照片，是1938年的功德林全景，今非昔比。

　　在西藏，只有攝政王的府邸才稱爲「林」，昔日拉薩曾有著
名的四大林，包括丹結林、功德林、錫德林和策墨林，其中功德
林是第八世濟嚨活佛益西羅桑丹貝貢布任攝政王時興建的，位於
布達拉宮西側磨盤山關帝廟南面，現改爲功德林寺，隱身於北京
中路與德吉路之間的巷弄內。

　　依據《衛藏通志》記載，功德林由參贊公海蘭察巴旬等捐
資修建，做爲濟嚨活佛駐錫之所。乾隆五十九年（1794年）完
工，隔年乾隆御賜廟名叫「衛藏永安」。因此，漢人稱其爲「衛
藏永安寺」；藏人則稱「丹雪曲科林」。

　　功德林寺只有兩個殿堂，其中一個殿堂主供白度母，藏人認
爲松贊干布娶的文成公主是綠度母化身，比文成公主早嫁給松贊

干布的尼泊爾尺尊公主是白度母化身。白度母與綠度母都是由觀世音菩薩的眼淚化成，所以兩位公主都是來輔助觀音菩薩化身的松贊干布弘揚佛法的。

度母能救人於苦難之中，幾乎每座寺廟都會供奉，而功德林寺供奉的這尊白度母像是目前西藏最大的，高約四公尺，1986年重新建寺時用紅泥塑造。白度母最特殊之處是雙手和雙足各有一眼，臉上有三眼，因而又稱「七眼佛母」，額上一眼觀十方無量佛土，其餘六眼觀六道眾生，救一切苦難。

功德林寺四周被大片住家包圍，入口隱藏在巷弄深處，所以從大街上完全看不到它的蹤影。殿前庭院花木扶疏，除了舉辦法會，這裡通常很安靜，與外圍喧譁的北京中路與德吉路形成對比，彷彿兩個世界。

藏族女性特別喜歡到此向這尊慈顏善目的度母像祈請，將其視為女性的保護神，所有屬於女性的煩惱和秘密，都可以對度母訴說。白度母還是一位長壽女神，與無量壽佛、尊勝佛母，合稱為「長壽三尊」。

離功德林不遠的北京中路上，有一塊被磨得烏黑光亮似人身形的石頭，傳說是文成公主曾經歇腳之處。每位藏民路過，總會靠在石頭上做出各種動作，手撫或頭頂，或用背、膝蓋去摩擦，總之，哪裡不舒服就將那個部位緊貼著石頭反覆摩擦，具有療效。

全西藏最大的白度母像，又稱七眼佛母，
高約4公尺。（丹增拉姆攝）

Tips

位於拉薩市北京中路和德
吉路交界附近巷弄內，最
好詢問當地人，否則不易
找到。

這塊被磨得烏黑光亮的石頭前，經常都有藏民排隊等著
自我治療。

無量壽佛（上）、白度母（右下）、尊勝佛母（左下），合稱「長壽三尊」。

第一塊用藏文寫的六字真言碑

帕崩卡

第一塊以藏文書寫的〈六字真言〉石碑。

帕崩卡意指「巨石宮」，當地人稱「波龍卡」，因原始殿堂建在一塊巨大岩石上而得名，是吐蕃早期的政教中心，也是西藏文字的創造地，位於拉薩北郊幽靜的聶日山溝，坐北朝南，居高臨下，可看到拉薩西郊景觀。

昔日，松贊干布建立吐蕃王朝後，聲名遠播，鄰近各國君主紛派使臣帶賀禮前來恭賀。據說天竺（今印度）使者離去前，請求松贊干布寫封國書讓他帶回交差。頓時，松贊干布面紅耳赤，因為吐蕃國沒有文字，只能以口信傳旨。

為了雪恥，他派遣最信賴的大臣吞米桑布扎，前往天竺學習研究。

桑布扎出發後，某天松贊干布想到創制文字是艱巨工作，桑布扎學成回國後，必須有個安靜處所讓他專研，於是選定聶日山南坡，狀如大龜的這塊巨石為基座，興建了一座四方形、碉堡似的宮殿，樓高九層，稱為「貢嘎瑪如宮」。

當桑布扎學成歸國，住進貢嘎瑪如宮中，閉門不出研發一年，終於創造出文字，並在此地以藏文寫出〈六字真言〉，刻在石上，至今供奉在佛殿內。

另一說，文字研發成功後，松贊干布也住進貢嘎瑪如宮向桑布扎學習，四年閉門不出，學成要下山重操國政前，帶著桑布扎及侍衛繞行宮殿一

帕崩卡現貌，昔日九層宮殿即建在此大龜石上；下方為松贊干布修行洞。

位於帕崩卡後方的這棟建築，據說是文成公主住過的宮殿。

圈，在不遠處的一塊岩石，親手寫下六個藏字，也就是〈六字真言〉。

後來吐蕃王朝分裂，朗達瑪滅佛時，宮殿受到破壞，只剩五層，文革時期整個遭受破壞，曾經輝煌的貢嘎瑪如宮變成歷史名詞，徒留遺址供人緬懷。

2005年我於西藏大學學習藏語文時，藏籍老師在教導三十個字母和四個母音前，先簡介藏文起源，提到創造藏文的地點就

在「帕崩卡」，位於拉薩北郊聶日山腰，至今還保存創造藏文後首度寫成的第一塊〈六字真言〉石碑。

我好奇前往參觀，依偎在聶日山腰凹谷的帕崩卡遺址，目前僅存重建的兩層樓半圓型建築，難以想像曾經有九層宮殿建在大龜石之上。

大龜石高出地面十多公尺，頂部是塊平台，北側呈方形，有石階供上下，南側呈半圓形高崖，西側往裡凹入形成石洞，據說是松贊干布修行的密室，有塊他打坐過的大青石板，洞內壁上還有天然浮現的護法神雕像。

第一塊以藏文書寫的〈六字真言〉石碑，嵌於大經堂內壁上，以玻璃裝裱保護，嗡嘛呢唄美吽六個藏字蒼勁有力，製成浮雕。

這裡沒有紛擾的遊客，朝聖藏民也只在藏曆四月薩嘎達瓦節時才多些，四周氛圍寧謐，眺望山下拉薩平原，可遠遠看到王者之姿的布達拉宮。

Tips

於拉薩市區搭公交車到軍區總醫院下車，徒步上山，或直接搭出租車前往。

會說話的度母

聶塘卓瑪拉康

卓瑪拉康佇立在來往車輛頻繁的318國道旁，守住一方寧靜。

2005年我遊學西藏時，課餘熱衷尋訪佛教聖地，某日看到一篇報導：文革期間，西藏寺廟均遭破壞，只有一座「卓瑪拉康」（藏語，指度母殿）倖免，原因是興建該佛殿的十一世紀天竺高僧阿底峽尊者，誕生地恰好位於今日孟加拉國境內，孟國官方要求中國保護這座建有尊者靈骨塔的度母殿。

　　阿底峽是何方神聖？他在西藏遭遇滅佛運動後，重新弘揚佛法，被視為西藏佛教後弘期最重要的大師之一。而度母崇拜之所以能在西藏扎根，也要歸功於他。尊者於1042年入藏，推崇度母信仰，影響了周遭每一個人，他寫了四部有關度母的著作，並促使六部有關度母的印度經典譯成藏文，以這些為基礎，建立了西藏度母信仰修行的基本模式，導致西藏度母信仰達到顛峰。

　　尊者在傳記中自述他一生得到度母多次授記，原本他是孟加拉地區某國王子，父母敦促他娶妻，但是度母化成少女勸他必須出家修行，不管遇到什麼困難都可以請示度母，度母一定會幫助他。

　　出家後，有一次尊者在金剛座菩提迦耶繞轉大覺塔，一念生起：「要怎樣才能迅速成就佛道，利益眾生呢？」才這樣想，度母在空中回答：「首先要發菩提心。」他持續繞轉大覺塔，度母先後示現為童女、乞丐、老婦，以對話方式勸他修持菩提心。經由度母反覆勸導，他明白了菩提心的重要，於是前往依止金洲大師十二年，生起了無上菩提心。

　　尊者六十歲時，受藏王邀請入藏弘揚佛法，起初他沒有答應，但藏王一再派人誠懇迎請，最後尊者請示度母：「我如果去藏地，能否利益眾生？能否滿藏王願？」度母說：「你如果前往

藏地，必能利益眾生，也必能滿藏王弘揚佛法的心願。但你的壽命將減少二十年。」

得到度母授記後，尊者認為只要能弘揚佛法，利益眾生，減壽沒關係，於是動身前往西藏。

尊者修持度母法門，經常親見度母，獲得度母開示。有回他與外道辯論，略居下風，當即向度母供曼達祈請，得到度母加持，反敗為勝。有一天，度母說：「你的重要弟子就要來了。」果然當天仲敦巴就來了，後來尊者傳法給仲敦巴，成立噶當派，並以度母和千手觀音做為四大本尊中的兩尊。

尊者入藏後先於阿里地區弘法，之後本要返回家鄉，遇到尼泊爾戰亂，歸途受阻，弟子仲敦巴邀請他前往衛藏地區弘法，於是尊者先到桑耶寺，見到寺內保存了天竺已失傳的眾多貝葉經，激動落淚，頂禮不已。

1054年，尊者於聶塘圓寂，享年七十二歲，卓瑪拉康陪伴大師走完人生最後一段路，這兒也成為後世信眾懷念大師的最重要之處。

但這樣一座蘊涵歷史意義的殿堂，外觀非常不起眼，近千年來，它靜默地佇立著，一般遊客較少進入，只有了解其歷史的人才知其殊勝，駐足緬懷。

卓瑪拉康除了因阿底峽尊者事蹟，吸引各地藏民前來朝聖外，另一主因是殿內供奉了一尊阿底峽尊者自天竺帶來的度母像，被稱為「能言度母」，遠近馳名，平日為了保護，嚴加收藏於夾層二樓之中，不輕易展示。

我第一次前往時，先在大殿禮佛供養，再誠懇向殿中僧人說

明來意，不知是因為當時沒有其他朝聖客，還是因為我是少見的漢人朝聖客，僧人答應讓我親睹能言度母，他搬來一座長木梯，我一步一階慢慢往上爬，有點興奮，有點緊張。

爬高到能看見夾層位置時，僧人說不能再上去了，並提醒我不可拍照。

我站在梯上，與安坐於夾層的能言度母對視，小小地一尊，包裹在層層綢緞法衣中，散發出無言的力量，我在心中叩首頂禮，祈願度母護佑眾生。

幾年後陪台灣朋友前往，無緣再見。2018年5月我自組九人團入藏，開車師傅單增是虔誠佛教徒，我倆一見如故。有天從拉薩出發，目的是蓮師聖地嘉桑曲臥神山，因為走318國道會經過卓瑪拉康，單增建議順道禮佛。

Tips

卓瑪拉康位於距拉薩市約25公里的曲水縣，從拉薩市至貢嘎機場的舊路318國道旁（若走連接拉薩市和貢嘎機場的高速公路不會經過）。

這回緣起殊勝，趕上有藏民請僧人誦經及為能言度母刷金，一位喇嘛正雙手捧著度母為在場每一個人摩頂加持，小小殿內誦經聲伴隨法器聲漫揚，法喜充滿。連不是佛教徒的友人，事後都表示非常喜歡那個氛圍，神聖又安詳。

殿堂四周迴廊環繞著簡樸老舊的轉經筒。

能言度母。（因殿內禁止拍照，本圖取自網路）

這個中型的轉經筒由牛皮製成，古老稀有。

西藏自治區
拉薩市
曲水縣

誦六字眞言的大師

雄色寺瑪尼洛欽

山嵐迷漫，白色的雄色寺尼寮顯得輕靈脫俗。

在拉薩市曲水縣才納鄉的山上，坐落著一座寧瑪派在西藏最大的尼姑寺雄色寺（又稱休色寺），海拔約4300公尺。

十二世紀，噶舉派祖師帕珠多吉傑布派遣弟子克貢曲吉森格在此興建了規模宏大的寺院，成爲噶舉派八支派系中「修賽噶舉」的發源地。

到了十四世紀，寧瑪派高僧大遍智龍欽巴尊者來到這裡，在海拔比雄色寺高約兩百公尺的「岡日托噶」（藏語，意爲白顱雪山）岩洞閉關，他一生大多待在此地，完成許多重要著作，如《七寶藏論》、《大圓滿三休息論》等，成爲寧瑪派最重要的傳承經典。從此，雄色寺改奉寧瑪派，名聲遠播。

1717年，支持格魯派的蒙古準噶爾部騎兵進入西藏，對寧瑪派和噶舉派進行洗劫，雄色寺僧人被殺，寺廟建築被摧毀。

1912年，藏曆火鼠年，沉寂了將近二百年的雄色寺遺址，出現一位衣衫襤褸乞丐模樣的老婦人，她手中搖著嘛呢輪，口中誦著〈六字真言〉，踏遍廢墟後，以堅定的信念誓願重修寺院，弘揚寧瑪教義。她在此修行、誦經，並四處募款，經由她的努力及堅持，一磚一石逐漸重建。

當嶄新的寺院在山林中圓滿完成，這位阿尼成爲雄色寺歷史上的傳奇人物。從此，雄色寺開展新的一頁，發展成爲西藏最大的寧瑪派阿尼寺。

阿尼原名仁增曲尼旺姆，後被僧尼和信眾尊稱爲「讓瓊喇嘛」（自然修成的上師）和「吉尊仁波切」（至高無上的珍寶），也被人們尊稱爲「瑪尼洛欽」（藏語，意即誦六字真言的大師）。根據記載，她活了一百二十歲，被信眾當成佛菩薩一樣尊崇。

這一帶的生態環境受到尼僧保護，成為珍禽異鳥的樂園，圖為藏雪雞。

　　今日的雄色寺主要分為僧舍和佛殿區兩部份，僧舍散佈在離佛殿不遠的山坡；佛殿建在一塊平台，主要建築有白塔、大經堂和藏經室，建築規模不大。

　　雄色寺所在位置，群峰環繞，自然景觀優美，遠眺山谷下方拉薩河波光粼粼，令人心曠神怡。這一帶的生態環境受到尼僧保護，棲息著許多珍禽異鳥，例如大草鵑、藏馬雞、藏雪雞等，吸引許多愛好者至此觀賞。

　　2006年我在拉薩遊學時，得知岡日托噶是個大聖地，位於離拉薩一個多小時車

爬上雄色寺附近山坡，可眺望山腳下的拉薩河谷，壯麗開展如畫。

龍欽巴尊者修行聖地岡日托噶位於雄色寺後山，海拔約4500公尺。

程的雄色寺後山，兩地恰好形成一個金剛亥母自顯像，充滿自然
聖徵。我先搭中巴車到山腳村落，與車上認識的一位僧人（岡日
托噶閉關者）及二位雄色寺阿尼結伴，從海拔3600公尺開始徒
步，從黃昏走到半夜，以星月為光照路，經歷了一趟奇異的夜
行，半夜抵達4300公尺的雄色寺時，我已累得只剩一口氣。

於雄色寺借宿一晚後，隔天我隨僧人登上海拔4500公尺的
岡日托噶，昔日龍欽巴尊者閉關岩洞被圍在小殿堂內。殿外四周
空曠，高地酷寒，360度景觀絕美壯麗，拉薩河谷在遙遠的山腳

七百年前龍欽巴尊者閉關的小岩洞，入口供奉著尊者塑像。

下往外開展。

當時我還未皈依寧瑪派上師修學佛法，但當我在殿內看到那七百年前龍欽巴尊者閉關過的狹窄岩洞，頓時肅然起敬，頂禮再頂禮……

Tips

雄色寺位於曲水縣才納鄉尼布熱堆村，離拉薩市區約40公里，前半段走機場高速路，看到指標後下高速路，再續開山路十多公里，抵道路終點後徒步上山。

珍珠唐卡白度母自在圖

昌珠度母殿

站在正門口可清楚看到內部,空間格局分明。

今日昌珠寺前身「昌珠度母殿」始建於七世紀，當時，松贊干布統一雪域高原，建立吐蕃王朝，迎娶文成公主，因文成公主信佛又通曉五行，卜算得知西藏位於仰臥之魔女身上，因此協助松贊干布於魔女心臟與肢體等位置興建十二座寺廟加以鎮壓。

昌珠度母殿便是昔日十二鎮魔寺之一，位置在魔女左肩。

另一傳說，原址為湖泊，湖中有一隻五頭惡龍，經常興風作浪，帶來災難，百姓不得安寧，為鎮壓惡龍，松贊干布修法化為一隻大鵬鳥與惡龍相鬥，制服惡龍，湖水退乾後，在湖址興建度母殿以永久鎮壓住惡龍，佛殿全名「昌珠度母殿」，昌珠是藏語，昌指「鷹」，珠指「龍」，隱含鵬鳥鬥惡龍之意。

早期吸引各地民眾前來禮佛的主因是殿內有尊會說話的度母，稱為「開口度母」，塑像以天然石雕刻而成，置於門後，迎接每一位入殿的朝聖者，據說她會親切地說：「請進！請進！」可惜已於文革時遺失。

昌珠度母殿除了有殊勝的開口度母，還有一幅舉世罕見的鎮寺之寶——珍珠唐卡白度母自在圖。這幅唐卡的特殊處在於非絲線刺繡也非色彩繪製，而是使用珍珠織綴，寬1.2公尺，高2公尺，由二萬九千多顆小珍珠，加上鑽石一顆，紅寶石二顆，黃金十五克，珊

鎮寺之寶珍珠唐卡白度母自在圖（因殿內禁止拍照，本圖取自網路）。

今日昌珠寺外觀全景。

瑚近二千顆等製成，是當今世上獨一無二的宗教藝術珍寶。

　　六百多年前，西藏帕莫竹巴王朝時，有位乃東王妃是個虔誠的佛教徒，晚年她以畢生積蓄和元朝皇帝賞賜的珍珠瑪瑙，織綴成這幅珍珠唐卡，敬獻給孜措巴寺，孜措巴寺後來毀於戰亂，珍珠唐卡不知去向。

　　文革時，意外被紅衛兵找到，轟動西藏，由於織綴的金線斷損，珠珍、瑪瑙已脫落不成樣，由幾位老僧人重新修復，再移交

已於文革時遺失的開口度母塑像（本圖取自網路）。

給昌珠寺，成為鎮寺之寶。

　　昌珠寺分為殿前廊院、大殿和外圍廊三部份，主要建築是措欽大殿，圍繞著大殿四周是一圈外圍廊轉經道，底層佈局和大昭寺相似，中間為經堂，周圍東南北三面依次分為十二個拉康（佛殿），供奉不同的佛菩薩。

　　其中有一佛殿供奉西藏史上最偉大的國王松贊干布，左右是唐朝文成公主、尼泊爾尺尊公主，站立的是以智慧幫松贊干布成

功娶回文成公主的大臣噶爾和創造西藏文字的桑布扎。另一佛殿供奉著文成公主使用過的雙孔灶和古舊的陶盆等，昔年文成公主與松贊干布常回雅隆故鄉過冬，住在昌珠度母殿前院屋舍，後來遺物被搬進寺內佛殿，供藏民瞻仰紀念。

鎮寺之寶珍珠唐卡白度母自在圖位於二樓，2005年我朝聖時，唐卡被以鐵欄杆（據說後來改為玻璃牆）隔離保護，無法靠近，但仍看得到度母像栩栩如生，悠然自得，半裸露著身體，上身和頭部微傾一側，面部有三眼，俏皮微笑著，左腳內彎平放，右腳往外側下方伸展，怡然坐在蓮花寶座上。

度母是觀音菩薩的化身之一，因此這幅唐卡又被稱為「觀世音菩薩憩息圖」。

昌珠寺一側古老的大型轉經輪。

底層佈局類似大昭寺，中為
經堂，周圍為十二個佛殿；
庭院石階可上二樓。

Tips

昌珠寺位於山南市澤當鎮南邊約5公里
的公路旁，從鎮上有公車前往。

珍珠唐卡白度母自在圖──昌珠度母殿　　105

崖壁上的自顯觀音

卡定溝天佛瀑布

天佛瀑布遠觀：右側著長裙的吉祥天母石像，天然神似。

2011年5月我和友人入藏，抵達林芝地區後，先前往名聞遐邇的巴松措湖，我因在其規劃爲風景區前已去過兩回，加上門票不便宜，便未再進入。

　　友人遊覽出來後，對景區內經營花招抱怨不已，告訴我以後若再帶人來，可排除此景點。地陪看她們很生氣，臨時推薦去附近正在開發中的天佛瀑布。

　　意料之外，這原本未安排在行程內的景點，竟然獲得全體一致好評。2018年我查詢網路，該處已正式規劃成「卡定溝風景區」，門票只收二十元人民幣，相對動輒百元的其它景區，被大陸網友推崇爲「很有良心」。

　　天佛瀑布距離林芝段318國道僅2公里，海拔約三千公尺，四周山勢險要高聳，是典型的峽谷地貌。瀑布自谷頂飛流而下，雄偉壯觀，瀑布中忽隱忽現一尊天然形成的大佛，「天佛瀑布」因此得名。夏季瀑布水量多，天佛整座隱入水中，冬天枯水期才會顯露出來。

　　從溝口到瀑布，一路奇峰異石，自然景觀奇特，有「雄鷹獻寶」、「神龜叫天」、「童子拜佛」、「唐僧哭經」、「四朗探母」、「花騾仙女」、「雙面神」等，鬼斧神工，令人驚歎。

　　瀑布所在山峰當地稱爲「卡定神山」，藏語「卡定」是天上的意思，相傳格薩爾王一箭將此山射開，才形成峽谷。

　　遠望瀑布被山岩擋住，直到登上觀瀑台，瀑布磅礴的氣勢才能一覽無餘。瀑布左側有個天然石像，當地人視爲是未來佛強巴佛（即彌勒佛）的臉。瀑布右側是天然石像女護法吉祥天母，看去有如著長裙、戴面紗、腰繫絲帶、手持佛珠，栩栩如生。

觀音自顯像位於瀑布右側峭壁高處，有如岩畫，又似中國水墨畫。

最特別的是位於右側峭壁高處，浮現一尊觀音自顯像，有如岩畫，又似中國水墨畫，觀音菩薩立於蓮花寶座上，右手高舉如握寶瓶，自高空流注甘露賜予眾生。

Tips

卡定溝距林芝地區八一鎮約二十多公里，距離林芝段318國道僅2公里。

從溝口到瀑布，一路奇峰異石，圖為「雄鷹獻寶」。

看到油菜花田的同一天，翻越海拔5130公尺的米拉山口，遍地猶積雪。

五月份林芝地區四處開滿油菜花，鮮黃翠綠。

世界第一大嘛呢堆

新寨嘉那嘛呢

青海省
玉樹藏族自治州
結古鎮

嘉那嘛呢中間有井字型通道，此條通道全供奉大型佛像（首為蓮師）。

海拔三千六百多公尺的新寨嘉那嘛呢石經城，有世界第一大嘛呢堆美稱，一般簡稱「嘉那嘛呢」，在信徒心中是個殊勝無比的聖地，從早到晚都有來自各地的朝聖者順時針繞轉，尤其在藏曆的神聖日，更是人山人海。

　　嘉那嘛呢由高僧嘉那道丹松曲帕旺（即結古寺一世嘉那活佛）創建於1715年，他曾在峨眉山和五臺山修行，後雲遊藏區，來到玉樹新寨，偶然自地底下挖出一塊自然顯現嗡嘛呢唄美吽六個藏文的石頭，他視為善好緣起，便駐留在此弘法，同時帶領僧俗二眾開始刻鑿、堆疊嘛呢石，被尊稱為「嘉那朱古」（朱古即活佛），嘉那活佛多才多藝，獨創了多種舞蹈，今日玉樹地區著名的卓舞即源於他。

　　傳說嘉那活佛在此弘揚佛法，宣說〈六字大明咒〉功德時，有位本地鐵匠不相信，說了些不敬的話。有一天，嘉那活佛特地前往鐵匠工作處，鐵匠正在一塊石頭上打鐵，嘉那活佛看了看石頭說：「這塊石頭並不堅硬啊！」鐵匠不高興地回答：「這塊石頭我已在上面打了幾十年的鐵，它就像金剛石一樣堅硬！」

　　嘉那活佛不說話，笑著伸出左手掌，在石頭上輕輕一按，石上立刻現出一個手印；接著脫去右腳鞋子，在石頭上輕輕一踩，石上立刻又現出一個腳印。鐵匠震驚得張口結舌，明白嘉那活佛是修行有成的高僧，當即跪拜皈依，成為虔誠信眾。

　　這塊有嘉那活佛手印腳印的石頭，被當地信眾視為珍寶，後來從中切割為二，將之與自顯嘛呢石高高供奉著，文革時，這幾塊珍貴石頭被信眾埋到地下藏起來，才逃過劫難。

　　至於嘉那嘛呢城則難逃一劫，整個毀於文革，直到上世紀八

面積大於兩個足球場的嘉那嘛呢，非常壯觀。

○年代才開始重建，許多在文革期間被當做石料拿去修路建房的
嘛呢石，由虔誠的信眾從各處陸續又找了回來，藏民相信，這些
經過災難的嘛呢石更具有護佑能力。

　　如今，嘉那嘛呢的規模已於 2005 年獲得中國「大世界基尼

斯之最」認證，證書上註明「面積最大的嘛呢石堆 —— 新寨嘉那
嘛呢石堆，東西長：北面240公尺、南面247公尺。西面寬61公
尺，東面寬73.6公尺。最高處6公尺。鑿刻在石頭上的經文達二
十多億。」（時隔十多年，目前面積已遠大於此）

嘉那嘛呢八大舍利塔。

　　如果你對數字沒什麼具體概念，可以想像比兩個足球場面積
還大的範圍！

　　整個嘉那嘛呢除了堆疊各式嘛呢石外，還有一座大殿、點燈
房、佛塔、大型轉經輪、三百多個中型轉經輪等。戶外堆疊的嘛
呢石大小不一，石面鐫刻著各類咒語（最多的是嗡嘛呢唄美吽）
和各式佛像，手藝精湛，色彩鮮明。最珍貴的是幾萬塊刻有律
法、曆算、藝術論述等的嘛呢石，有的還將整套佛經刻在很多石
頭上，組成一套「石經書」。

第一世嘉那活佛法像。

　　當地有許多石刻藝人，以祖傳手藝虔誠地雕刻嘛呢石，為自己累積善業，也滿足想供奉嘛呢石於此的眾生願望，刻石的叮咚聲和轉經民眾吟誦的嘛呢咒語聲，譜成悠揚的曲調迴旋。

　　2017年我朝聖玉樹州蓮師聖地時順道前往嘉那嘛呢，只在外側繞轉，未進大殿，返台閱讀資料，才知自顯嘛呢石及嘉那活佛手印腳印石全供奉在大殿。隔年11月再度前往，白天先去囊謙扎摩寺，沒想到轉山花了過長時間，傍晚趕到嘉那嘛呢，大殿已關門上鎖。

我懊惱地站在大殿外，再來一次的機會渺茫，隔天一早又要搭班車離開，怎麼辦？想了半天，只好厚臉皮攔住轉經的藏民，請教有沒辦法入內朝拜？第一位是外地人：「只能等到明天吧！」第二位是當地人，看了看手錶：「剛過五點，管大殿的幾位喇嘛應該都還在一旁的小房子，你去拜託他們看看。」我如獲救星，趕緊照做，幸運地，「從台灣來朝聖的佛教徒」身份爲我加分，喇嘛拿出鑰匙爲我開門，還允許我在殿內拍照。

　　這一天是藏曆10月15日班丹拉姆節（吉祥天女節，俗稱仙女節），也剛好是我的生日，整天有陌生貴人相助：扎摩寺帶我轉山朝聖的老喇嘛、讓我搭便車的小貨車師傅、熱心送我到汽車站的摩托車父女、指點我到小房間找喇嘛開門的藏民、爲我專程開鎖的年輕喇嘛，感謝你們，幫助我過了充實的一天。

Tips

位於青海玉樹州府結古鎮外3公里的新寨村，從鎮上搭乘公車到「嘉那嘛呢」站下車，左拐步行數百公尺即抵達。

長長的轉經道，有三百多個中型嘛呢輪。

轉累了，隨處可坐下休息。

大殿中央供奉四臂觀音、千手千眼觀音、蓮師等佛像及薩迦法王法照。

圖中最右側即大殿。

大殿左側有個六格分大木櫃，外圍以鐵欄杆圍住，中間上格供奉嘉那活佛挖到的那塊自顯嘛呢石；左下格供奉左手印石；其餘木格供奉嘉那活佛用過的白海螺和方型嘎烏盒等。

右下木格供奉嘉那活佛留下的右腳印石。

各式刻寫〈六字真言〉的嘛呢石堆。

四臂觀音。

莊嚴優雅的度母塑像。

通天河勒巴溝

從玉樹縣城前往勒巴溝會先經過通天河。

勒巴溝位於玉樹州府結古鎮東邊三十多公里，勒巴藏語意思是「善好、美麗」，是條長約八公里的山谷，谷中有條通天河的支流，谷內嘛呢石俯拾皆是，還有多處佛像岩畫。

　　從玉樹縣城去勒巴溝須先經過通天河（長江流經玉樹州的名稱），俗諺「走遍天下路，難過通天河」，昔日過通天河艱險萬分，如今已有現代化大橋了。

　　在勒巴溝口，立有木牌「玉樹勒巴溝嘛呢山水風景區旅遊導覽圖」，詳細標示溝內各景點，路側首先看到的是一座古老的佛塔。據說昔日文成公主進藏，松贊干布專程到黃河上游的扎陵湖、鄂陵湖迎親，舉行隆重婚禮後，一起渡過通天河進入玉樹，文成公主被此處景色吸引，停留了一個多月，親自監工建造了一座佛塔，就是被稱為「古素沙塔」的這座。

　　往溝裡不遠，裸露崖壁上有幅唐代石刻「禮佛圖」，據說也是文成公主進藏時留下的，釋迦牟尼佛立於蓮座上，一對男女（一般認為即松贊干布和文成公主）恭敬禮佛，他們高度都只有佛的一半，男子手拿一個有蓋的碗狀器皿，女子手持一枝蓮花，雖然已經一千多年了，但岩刻線條依然清晰。

　　這幅禮佛石刻圖，我在網路看過無數次介紹及照片，非常熟悉，但來到現場，竟然怎麼找都找不到，真是懊惱。

　　進了溝，河中及岸邊草叢已零星出現嘛呢石刻，但真正精華所在大約從二公里處開始。此段山谷狹窄，兩側崖高，溪流中巨石大多刻了〈六字大明咒〉，有些河段水流撞擊岩石激起浪花，聲音響徹，在山谷間迴盪。

　　更令人叫絕的是刻在懸崖峭壁上的〈六字大明咒〉和其他心

咒及經文，刻字有大有小，小如拳頭，大如數人併靠，佔據了陡峻直立的壁面，我抬頭仰望，是如何爬上這些峭壁的呢？是如何在壁面鑽鑿刻字的呢？真是匪夷所思。

資料記載，這些崖壁上的刻字應是信眾以牛皮繩綁住工匠，再從崖頂垂下來刻鑿的，即使這樣，難度依然很高。當地流傳另一種說法，昔日文成公主在勒巴溝刻佛像、築佛塔、弘揚佛法，諸佛菩薩受感動，施展神通，一夜之間在山壁上顯現各式嘛呢石刻。

穿過勒巴溝，返回玉樹縣城時會經過貝納溝，可順道參觀「大日如來佛石窟寺」，昔年由文成公主選址、設計，唐蕃工匠於唐貞觀十六年（642年）左右開鑿，歷經數年才竣工，是藏地最早的佛教崖壁浮雕，俗稱「文成公主廟」。廟內浮雕佛像共九尊，中央主尊為大日如來佛，高七公尺多，非常壯觀，兩側各有四尊四公尺高的八大菩薩，整組石雕佛像順著山勢佈局，儀態端莊安詳，展現了唐朝高超的雕刻藝術及吐蕃的繪畫風格。

Tips

勒巴溝位於玉樹藏族自治州結古鎮巴塘鄉，無班車，只能包車前往，可順訪文成公主廟和卓瑪邦雜寺。

傳說由文成公主監工建造的古老佛塔「古素沙塔」。

刻在陡直壁崖上的〈六字大明咒〉
和其他心咒，令人驚歎。

唵嘛呢唄美吽刻在峭壁上，
稱為山嘛呢。

嗡嘛呢唄美吽刻在河中大石，稱為水嘛呢。

貝納溝口掛滿風馬旗，迎風招展，十分壯觀。

俗稱文成公主廟的「大日如來佛石窟寺」。

自顯21尊度母石像

卓瑪邦雜寺

卓瑪邦雜寺正式寺名為「直貢吉拉菩提州」，「吉拉」（或譯吉然）是家族姓氏，表示吉拉家族在此世襲傳承住持。

卓瑪邦雜寺全景。

　　卓瑪邦雜寺（又稱度母摩崖殿）距文成公主廟不遠，海拔
3700公尺。藏語「卓瑪邦雜」意思是「度母岩根」，得名自寺廟
東南側有片石崖上出現自顯的二十一尊度母石像。

　　寺廟本名直貢寺，是直貢噶舉大師仁欽貝創建的第一座寺

院。仁欽貝係帕木竹巴多吉杰布的弟子，出生於玉樹一戶寧瑪派
家庭，父親早世，他靠爲人唸經過活，名望漸高後，十二世紀六
○年代於度母岩根建寺；七○年代中期毀於與薩迦派的教派之
戰。之後仁欽貝帶領寺僧八十人逃往西藏，1179年在墨竹工卡

直貢創始人覺巴祖師13公尺高的石刻像；右側山洞即財神洞。

縣擴建帕木竹巴弟子木雅貢仁所建小寺成為著名的直貢梯寺。

據說，仁欽貝最初所建的卓瑪邦雜寺規模可觀，從山根緊臨石崖建有三層樓高的大經堂一座，崖下平地另建殿堂二座，至今仍看得到殘垣斷壁。寺廟被毀後，當地信眾重建，但規模不大。

卓瑪邦雜寺目前屬竹巴噶舉，快抵達時，先映入眼簾的是草坡變成崢嶸岩壁，下方分散著嘛呢石堆、傘狀風馬旗和佛塔。

寺廟入口鐵柵門虛掩，推開進入，一旁房舍有位老喇嘛聞聲

走出，熱心引導參觀及解說，但他只會藏語，請同行師傅幫我翻譯，卻總是老僧人講解一長串，他只譯三言兩語。

背對大門往裡走到底，石壁上有尊13公尺高的仁欽貝石刻像，前方石碑正面標記此處為「直貢·吉拉·仁欽貝（覺巴吉天頌恭）誕生地」，後面簡介「直貢·吉拉·覺巴吉天頌恭於1143年誕生於多康丹朵鄂（玉樹）地區，四歲時在父親吉拉覺巴多杰處學藏文拼讀，得到大威德金剛等密法灌頂，他在拼讀藏文時，能讀出藏式梵文音……，獲得殊勝成就而聞名於世。二十五歲時，依帕木竹巴多吉杰布為上師，賜名仁欽貝，1179年修建直貢梯寺，創立直貢噶舉派，後傳承弟子僧眾達十八萬之多。」

石刻像右側有洞名為「財神洞」，又名「福運日月對照洞」，可檢測一個人的幸運和福氣。洞約成人高，往裡幾公尺深的壁面有個比手臂略寬的窄洞，老喇嘛要我和師傅輪流將手臂伸進去摸。非常奇特，明明只是一個小狹洞，但我和師傅摸到的土色居然一白一黃，白色預示善心和慈悲，黃色預示長壽和增福，據說有人摸到紅色（預示興旺）和黑色（預示百事成遂）。

財神洞不大，愈往裡愈狹窄，最裡側只容一隻手臂伸入。

護法神阿企確吉卓瑪的自然顯像栩栩如生。

在已傾毀的舊殿堂後方崖壁上，有一尊清晰的直貢噶舉不共阿企護法自顯像，看似塗有色彩，但老喇嘛強調是天然顯色，還說阿企護法是特地從拉薩直貢地區到這裡來的。

阿企護法全名是阿企確吉卓瑪，也有將阿企譯為阿吉；將確吉譯為曲珍。全名意思是「祖母法度母」。她是金剛瑜伽女的化現，也是諸佛之聖母，為利益輪迴眾生，於不同時空無數次示現。在金剛乘所源出的聖地烏金剎土，她立誓保護佛陀教法，並令五方佛部的智慧空行們持守此誓。

從老喇嘛的介紹加上我讀到的資料，整理出當地對阿企確吉卓瑪的傳說精華。很久以前，確吉卓瑪自烏金淨土投生拉薩直貢地區雪絨河邊一戶農家，誕生時有許多吉祥徵兆，一出生就會說話，並持度母心咒，三歲時便會將咒語教給別人，長大後非常美麗，許多人想迎娶，但都被她拒絕：「我將到西康，嫁給一位偉大的瑜伽士，我們的後代都是極為傑出者，他們將傳揚佛法，利益有情眾生。」後來她隨商隊來到西康地區，找到一位名叫吉拉阿米初村贊湊的在家修行人，告訴對方：「我們的結合是為了將

來大成就者的誕生，我們後代將會對弘揚佛法做出很大貢獻。」

　　生了四個兒子後，有一天，她對丈夫阿米說：「我的事做完了，就要離開，你讓兒子們修習佛法，我會當護法神保佑他們和他們的後代。」

　　於是阿米讓三個兒子出家，只留下次子傳宗接代。次子生了四個兒子，其中第四個兒子便是仁欽貝的父親，也就是說，仁欽貝是阿企確吉卓瑪的曾孫，後來阿企確吉卓瑪便被奉為直貢噶舉派的護法神，享有很高地位。在直貢噶舉金剛舞中，她通常一手持珍寶，一手持銅鏡，舞步優美舒緩。

　　老喇嘛帶我們參觀大殿和二十一度母殿後，前往著名的二十一度母天然形成像，位於距離寺廟數百公尺遠的右側山壁上。依據寺廟文宣記載：「相傳此處是度母加持過的最殊勝的修行場所，文成公主進藏時駐留此地，由於萬分想念家鄉，在此發願祈禱時，二十一度母神奇顯現並加持。只有無上福氣的人才能完全親見度母畫像，沒有廣濟福田者，就無緣看見。」

　　我雙手合十面壁，專心一意持度母咒祈請，然後上下左右端詳許久，仍只看到幾尊度母而已。唉，福報不足，未來要更努力積聚福德資糧才是。

　　喇嘛補充說下雨時度母像會顯現得比較清楚。

　　那麼，若有因緣，或許找個雨季再來朝聖一回！

Tips

位於玉樹州府結古鎮25公里的巴塘鄉，可將勒巴溝山水嘛呢、貝納溝文成公主廟和卓瑪邦雜寺規劃成一條路線，自結古鎮包車來回一日行。

最高處稱為月亮洞，其下是
蓮師修行洞，據說仁欽貝曾
一躍飛上蓮師洞。

卓瑪邦雜寺背倚岩壁面向廣闊的巴塘大草原，往昔止貢噶舉派興盛時，據說有一萬個瑜伽士在這裡飛走了，因此草原中央這座小山丘有「萬飛丘」之稱。

老喇嘛說寺廟目前有25位僧人，但我參觀寺廟時，看不到其他僧人，原來都在山崖上的僧寮修行。

自顯的二十一尊度母石像就在這片石壁上。你看到幾尊？

老舊簡陋的小小度母殿，藏文寫「卓瑪拉康」，內供奉二十一尊度母像，門楣雕鏤風華猶存。

供奉在大殿內的阿企確吉卓瑪塑像。

飛越河流的嘛呢石

囊謙扎摩寺

青海省
玉樹藏族自治州
囊謙縣

即將抵達大殿區前，路旁色彩鮮明的嘛呢石堆，喧鬧迎客。

扎摩寺位於玉樹州囊謙縣香達鎮北側，因建在噶來主神石峰而得名（藏語扎摩意為石峰），寺廟歷史悠久，由崗波巴大師的弟子始建於1156年；1576年，又由丁增桑波開設了伏藏大師那納林巴的本尊紅觀音等許多殊勝修法，使得扎摩寺教法昌盛，出現很多瑜伽師和成就者，並顯現了許多殊勝的自生法相，成為著名的修行聖地。

　　噶舉派崗波巴大師和很多高僧都曾預言，這裡是蓮花生大士加持的聖地和觀音菩薩的道場。

　　《扎摩聖地史》記載「扎摩寺有從瀾滄江彼岸隨丁增桑波像鳥一般飛過來的嘛呢石。」這個記載被當地人所津津樂道。據說最初嘛呢石係堆疊在扎曲河（瀾滄江上游）對岸山腳下的一座白色佛塔周旁，丁增桑波先拿了一塊嘛呢石飛回扎摩寺，餘下的嘛呢石隨後也跟著飛了過來。另一說法則是丁增桑波同時把幾塊嘛呢石放在僧袍內飛回來。

　　第五世噶瑪巴曾親臨扎摩寺為一千多名弟子進行金剛亥母灌頂，當時天上出現了壇城，並且飄起雪花，他用指甲寫下〈時輪金剛〉十相自在圖，並指出扎摩寺所在的許多聖跡。又說：「繞山頂七圈，山腰四圈，是轉這座神山的數量，具有念嘛呢咒一億遍的功德，山外邊轉一圈就能超度惡道。」

　　文化大革命期間，扎摩寺因離縣城不遠，遭受嚴重破壞，直到1984年才重建。

　　2018年11月23日我朝聖扎摩寺，那天恰好是我的陽曆生日，也是藏曆吉祥天女節（俗稱仙女節），整天鴻運當頭。前一天下午四點半自西寧搭大客車，前後共十八小時（包括途中依

上山半路看扎摩寺全景，在右下方坡地還有佛學院等建築未入鏡。

交通法規定半夜二到五點大客車不准行駛，停在海拔4400公尺路旁休息了三小時），屁股都要坐麻了，早上十點半終於抵達囊謙縣城香達鎮。

找了輛出租車前往位於鎮北山上的扎摩寺，在道路終點下車時，師傅留給我他手機號，說萬一我要下山時沒車，打電話給他。

四周靜悄悄沒半個人，我東張西望，瞄到最近一棟僧舍二樓窗口有位喇嘛正探頭往外看，趕緊出聲向他請教幾處聖跡，但他說的話我幾乎聽不懂，謝過他，心想只好自己往後山碰運氣了，正要離開，聽到他又說：「你站著不要動，我下來。」本以為他只是下來指給我看方向位置，沒想到他是要親自帶我去，令我感動萬分，一時也忘了問行李能否寄放，我就這麼揹著中背包和小側包，隨他順時針內轉後山一圈。

喇嘛帶著我繞轉一圈及解說，他說的漢話我只聽懂一半，只能加上藏語和比手畫腳，反覆確認，勉強溝通。途中我請教他大名，他回答「扎西群佩」，我說我藏名叫哀秋拉嫫，他有點意外：

「我母親也叫袞秋拉嬤呢。」眞巧，他指著對岸半山腰，說他老家在那裡，但他很早就離開了，現在那裡已無親人。

　　圓滿繞轉一圈後，喇嘛邀我到僧寮喝茶，拿出西藏大餅請我吃，我也拿出糕點回請。小佛堂供著法王如意寶晉美彭措法照，我感到意外，一問才知原來他是寧瑪派，來此聖地閉關修行兩年了，再過一年圓滿，就要換到另一個聖地繼續三年閉關。

　　我暗自爲寧瑪派僧人的精進修行感到與有榮焉，但也因爲他不是扎摩寺僧人，有些聖跡不清楚，我也因此錯失了朝拜其他聖跡的機會。連想進入上鎖的大殿禮佛，也找不到掌管鑰匙的喇嘛。

途中有位藏族阿嬤在雪坡上磕頭，圖中右側遠方即觀音神山。

觀音神山下的叉路口，堆疊有如小山的嘛呢石堆。

丁增桑波大師留下的腳印。

Tips

扎摩寺無班車前往，需由囊謙縣城搭出租車，單趟30元，若要出租車等候，價錢另議。由於寺廟各殿堂和佛學院分散在斜坡，建議直接搭到道路最高處下車，繞轉後山聖跡後，徒步下行參觀。

據說當年從對岸隨丁增桑波像鳥一般飛過來的嘛呢石，
埋在這些石堆中。

喇嘛與藏族阿嬤談話，在遠方雪山和扎曲河襯
托下，畫面溫馨而美好。

這塊刻了六字真言的石頭，形狀非常特別，好似一張五官具全的臉。

狹窄的轉山道穿行在嘛呢石堆及五色風馬旗中。

轉山道會經過一整排嘛呢經輪；右上方堆疊了眾多嘛呢石。

嘉瑪嘛呢

往吉曲鄉途中風光無限，路旁有許多壯麗岩峰。

「嘉瑪嘛呢」位於玉樹州囊謙縣吉曲鄉加瑪村，面對寬廣的吉曲河，緊臨被漢人稱為彩虹寺的嘉瑪寺（藏語嘉瑪的意思是紅色彩虹）。

　　吉曲鄉與西藏昌都地區相鄰，傳說當年文成公主入藏，經過吉曲鄉，紮營小住，期間修了一座佛塔，稱為「公主佛塔」。建塔時，吉曲河對岸有個石刻藝人送給公主三塊嘛呢刻石，一時，觀音菩薩從天界放光，匯成紅虹照射在刻石上，公主口出金言，稱其為「紅虹六字刻石」（藏語即嘉瑪嘛呢）。之後三塊刻石化成三道光團，一道光團為天界佛業升空，一道光團為龍界佛業滲入清泉，一道光團為人間佛業普照大地。而人間那塊刻石就是嘉瑪嘛呢堆的基礎，人們供奉那塊紅虹六字刻石，並持續在四周堆疊嘛呢石，形成今日巨大規模。

　　由於年代久遠，加上神聖傳說，當地人都認為嘉瑪嘛呢具有很大的加持力，經常有藏民遠道專程來此繞轉。

　　嘉瑪寺屬寧瑪派傳承，寺廟的建立係因原本位於扎納神山下的舊寺扎納寺已破舊崩塌，於是在離不遠的此處蓋了新寺，因這裡屬嘉瑪村，因而命名為嘉瑪寺。

　　扎納神山在靠近山頂處有個當地人慣稱「尼瑪隆」的聖地，蓮花生大士和耶謝措嘉佛母曾在那裡的兩個山洞閉關修行，並在洞內留下腳印、手印。

　　一千多年以來，扎納神山與嘉瑪嘛呢相伴，見證著嘛呢石堆一點一滴地成長與茁壯，更有如護法神，護佑著每一位到此虔誠轉繞與持咒的人們。

寧瑪派開山祖師蓮花生大士塑像，塑像和嘉瑪寺之間小屋內
有大轉經輪。

抵嘉瑪村前須過吉曲河，圖為已荒廢的傳統木橋；一旁已新
建水泥橋。

隔著吉曲河眺望嘉瑪嘛呢、嘉瑪寺和嘉瑪村，景緻清新優美。

嘉瑪嘛呢石堆一角，左上方為藏民自製的風嘛呢，風起時會自轉。

嘉瑪嘛呢石堆側面有一整排古老嘛呢輪，轉經累了可坐下休息。

大轉經輪房牆角有尊十一面千手千眼觀音古塑像，破舊中仍顯往昔芳華。

村中小商店大門漢藏風兼併，頂部為雪域三怙主，左起文殊菩薩、觀音菩薩和金剛手菩薩。

登上寺廟屋頂，視線越過嘛呢石堆，矗立於不遠處的岩峰即蓮師聖地扎納神山（有興趣者可參看作者《蓮師在西藏——大藏區蓮師聖地巡禮》一書）。

Tips

無班車抵達，需於囊謙縣城包車，一天可往返，途中景觀壯麗，岩峰迭起，值得慢慢欣賞；若喜泡溫泉，距嘉瑪嘛呢約17公里處有一吉曲溫泉。

觀音菩薩的化身

東那拉康恰美仁波切

貴德以丹霞地貌聞名，光是公路旁山容就令人目不暇給。

多年前，有回在三根本法洲佛學中心共修，以藏語唱誦完一部噶瑪恰美仁波切所造《極樂淨土發願文》後，領誦喇嘛要我們改看中文再誦一遍，速度放慢些，邊誦要邊思惟文字涵義。

　　奇妙地，才唱誦了幾句，內心就生出勝解，因為相信、因為感動，淚水無聲無息流了下來。「奇矣哉，此去往彼日落之方向，越過眾多無量之世界，稍許上方聖者之國土，極其清淨剎土名極樂，縱然我之肉眼未見彼，我心澄然意中當明觀，彼處世尊勝王無量光……。」

　　伏藏大師鄔金林巴曾授記：「具『惹嘎』名號的觀音菩薩之化身來到人間，將度化與之結緣的上億眾生往生極樂世界。」指的就是十七世紀中葉誕生於青海果洛的惹嘎阿瑟仁波切（即噶瑪恰美仁波切，或譯喬美仁波切）。

　　恰美仁波切一生融合寧瑪派與噶舉派法源，獲得大圓滿、大手印的證悟，並以十三年時間作大悲觀音菩薩的實修，親見本尊，觀音菩薩給他授記及說法，仁波切再以七年時間作灌頂及典籍的口傳，利益眾生。

　　恰美仁波切曾著書《恰美山居法》、《轉經輪功德》等多部殊勝修法訣竅，他所寫的《極樂淨土發願文》尤

噶瑪恰美仁波切法照。

東那拉康今名「南海寺佛法教證講修興盛洲」。

其家喻戶曉，許多藏民都會背誦。仁波切能清楚回憶自己二十世
的一切並預知後世，他提到自己從娑婆世界死亡的剎那，將立刻
投生在阿彌陀佛淨土的蓮花上，經過十五大劫時間，在西方極樂
世界證得無上正等正覺的佛果，名號「善逝無垢水生蓮花」。

晚年時，恰美仁波切觀察到自己度化眾生的事業在青海貴
德，便來到位於貴德縣城南方2.5公里的梅茨山腳南海殿東那拉
康。東西向的梅茨山脈宛如一條巨龍，當地傳說係龍脈所在，從
山腳到山頂散落漢藏風並列的寺廟建築群，東那拉康位在收費口

右側，另一側還有道教廟宮，這一帶泛稱「南海殿」，面朝黃河清澈❶的一段，是觀音菩薩加持過的聖地。

爲了弘揚佛法及眾生利益，仁波切興建了蓮花光明宮。據說爲了讓大家生起廣大信心，他曾示現同時於十八戶人家做佛事等許多不可思議的神通。

後來貴德出現了痲瘋病，傳染蔓延。恰美仁波切觀察後，發現是當地惡龍引起的災難，唯有將自己法體鎮壓在惡龍泉眼，痲瘋病才得以解除。於是，悲心深切的仁波切決定示現圓寂，以圓滿此生最後的利生事業，圓寂後，弟子依照上師囑咐，搬來如犛牛般大的石塊，於惡龍泉眼處建地基，再將上師法體放置其中。從此，該地區的痲瘋病消失了。

據說，僧眾爲仁波切舉行荼毗火化後，他的腦、舌和心臟絲毫未損，骨頭上清晰地出現忿怒蓮師、種子字ဿ和觀音菩薩聖像。

爲了紀念恰美仁波切，當地民眾和仁波切弟子在泉眼上修了一座仁波切真身舍利塔，該塔於民國時由寧瑪派古讓倉活佛擴建重修；1958年，舍利塔和蓮花光明宮被毀，仁波切舍利和遺骨失蹤；2002年，寧瑪派尕讓寺主多吉活佛與弟子來到南海殿，在沒有任何線索下，經由虔誠祈禱上師和本尊，依據前世願力和因緣，順利找到仁波切遺骨、牙齒舍利，另以珍珠、金銀粉末與泥混合，製作了十萬尊觀世音菩薩和十萬尊蓮花生大士擦擦。

---

❶黃河流經貴德縣形成無數濕地，沉澱了泥沙，因此水變清澈，有「天下黃河貴德清」美譽。

雕鏤華麗的山門橫匾「威震三界蓮花光明宮」。

　　2003年，恰美仁波切的真身舍利塔圓滿建成，塔身高15公尺，寬6.4公尺，塔基高4公尺，舍利塔分為三部份，包括塔尖、上部寶瓶及下部獅子寶座。內裝有前述擦擦、佛像，以及仁波切遺骨、牙齒舍利，還有大藏經、藏漢高僧大德論著及恰美仁波切本人全套著作。

　　寶瓶外繪有吉祥八寶彩圖。寶瓶四周安放贊巴拉擦擦。舍利塔地基中，是以調順風水的地藏菩薩為主的眾多龍王塑像，皆以金銀珠寶作莊嚴。四周有八十六個嘛呢輪，內裝有十七億〈觀音心咒〉。塔前方有座小經堂，供奉以觀音菩薩、文殊菩薩和金剛手菩薩三怙主為主的眾多佛像。

如今，恰美仁波切真身舍利塔已成為貴德縣四大佛教聖地之一。大伏藏師德敦德拉仁波切曾在此聖地開示：「在舍利塔前念誦一句〈六字大明咒〉的功德相當於在其它地方念誦十萬遍。若有人轉繞、禮拜、供養此舍利塔，能夠消除疾病災難，增長壽命和福報，無勤獲得今生和來世的善根，具足無量功德。」

蓮花光明宮大殿全貌。

恰美仁波切舍利塔光塔身就高15公尺。

今日東那拉康另名「南海寺佛法教證講修興盛洲」，除了恰美仁波切的真身舍利塔，還建有蓮花光明宮及地下兩層的閻浮地宮，展示六道輪迴景象、超越輪迴之道、五百羅漢及文武百尊的寂靜壇城和忿怒壇城等。

我於初冬早晨抵達東那拉康，空氣冰冷，卻已有多位漢藏民眾手持念珠繞轉恰美仁波切舍利塔。我參拜過其它殿堂後，也加入持咒繞轉行列。

繞轉前和結束，每個人都會在舍利塔前小經堂「接引極樂洲」發願及迴向。

舍利塔底部四周嘛呢輪共裝有17億〈觀音心咒〉，轉繞2300圈最圓滿。

　　無論是漢人藏人，每個人想要往生極樂世界的願望都是相同的，祈求恰美仁波切，祈求阿彌陀佛，加持臨終時遠離一切魔障，往生極樂淨土。

Tips

恰美仁波切真身舍利塔位於貴德縣城南2.5公里，從西寧市南川西路客運站開往貴德的班車非常多，行車時間約一個半小時，終站下車後再搭出租車前往。

康塢大寺開山祖師

四川省
涼山彝族自治州
木里縣

清晨抵達康塢大寺時，只有大殿沐浴在陽光中，寧謐安祥。

木里藏族自治縣位於涼山州西北部，地處青藏高原和雲貴高原交界，是一個獨立、封閉的地方，全縣以藏族為主，縣城海拔雖只有2300公尺，但縣內最高海拔將近6000公尺。

在上個世紀，木里仍是難以進入的區域，屬格魯派的木里大寺是區內第一大寺，寺裡的大喇嘛同時也是木里王，掌管木里，形成一個封閉獨立的王國。1920年代，美籍奧地利植物學家洛克曾三度到木里，不得其門而入，直到與新上任的木里王結下關係後，才被批准探訪，後將考察遊記發表在1925年4月美國《國家地理》雜誌，文中洛克將木里形容為「上帝瀏覽的花園」。

康塢大寺是木里第二大寺，屬格魯派，目前只有二十多位僧人，海拔三千多公尺，距離縣城四十多公里，座落在一座似蓮花的山丘上。

開山祖師嚴頂次成諾布喇嘛是安多人，他是曲傑桑吉甲措的高徒，當第三世達賴喇嘛派曲傑桑吉甲措到木里弘法，嚴頂次成諾布也跟隨來到木里，協助上師弘法普度眾生，在上師指導下，1604年於康塢山上修建寺院，名叫「康塢德瓦金索朗達吉嶺」，「德瓦金」藏語的意思是「極樂世界」，即代表「阿彌陀佛淨土」。

上師圓寂後，嚴頂次成諾布喇嘛總攬瓦爾寨和康塢兩大寺院法務，大轉法輪，佛事興隆，促進佛教在木里的興旺，高僧輩出，鼎盛時寺僧有五百多人。

嚴頂次成諾布喇嘛一生專修觀音淨土，據《木里政教史》記載，他圓寂前便預知時至，無病往生後結跏趺坐三日，天空出現

康塢大寺對面民房田地，夜間霜降，在晨光照耀下，花白如幻。

彩虹花雨，樂音齊鳴，異香撲鼻。法體火供時頭蓋骨開啓，跳脫
飛落在心傳弟子降央諾布喇嘛面前，骨內顯現出清楚的觀音菩薩
法像。

　　我一大早從縣城搭出租車，抵達康塢大寺所在山坡下時，太
陽還未整個翻越山頭，遠遠望去，白塔僧舍，層疊錯落，寧謐安
祥。寺廟只有最高的大殿沐浴在金色陽光中，山坡邊緣被陽光鑲
成一條金線，其餘四下都還在陰影裡，寺前坡下有一大片已收割
的田地，薄薄舖了一層白色降霜，如花似幻。

開門下車，冷得我一陣哆嗦，才十二月中旬，溫度已零下，一張口說話就冒白煙。走上階梯，遇到一位戴眼鏡、身披厚重長僧袍的喇嘛在繞轉嘛呢輪，後來就由這位也謝喇嘛全程陪伴介紹。大殿內供有嚴頂次成諾布喇嘛的塑像，我虔誠三頂禮後，獻上哈達。

也謝喇嘛為我逐一介紹大殿和後殿的每一尊佛像，上到二樓藏經殿，也謝喇嘛指著窗外不遠的山坡上，說那裡是嚴頂次成諾布喇嘛最初的閉關小屋，在那之前，喇嘛原本在靠長海子附近閉關，有次下雪，他打坐結束要下座時，發現鞋子不見了一隻，外面雪地上有狐狸腳印，他猜測是被狐狸咬走了，便跟著腳印走，一路翻過山，來到靠寺廟現址一旁的山坡，看到雪地上有一個圓圈，估計是狐狸拖咬鞋子繞了一圈，嚴頂次成諾布喇嘛心想這是個好徵兆，就在圓圈位置蓋了一間小屋閉關，後來才又往下遷移到較平坦之處，修建康塢大寺，一生致力弘法利生與專修觀音淨土。

Tips

康塢大寺位於木里藏族自治縣喬瓦鎮，可由雲南麗江搭班車到鹽源轉木里，或由四川成都搭班車到西昌轉木里，每日都有數班客車。木里縣城到康塢大寺需包車，走省道216線（已升級為國道227線），路況良好。行程安排可加入長海子景區，屬同一線路。

旭日初升，大殿東側一片金黃（山坡上係昔日被破壞的斷垣殘壁）。

一生專修觀音淨土的嚴頂次成諾布喇嘛塑像。
（殿內不准拍照，感恩也謝喇嘛特允我拍一張）

一般轉經筒都是圓形，康塢大寺的轉經輪與眾不
同，為多邊形。

狐狸拖咬鞋子繞一圓圈的位置就在對面山坡，嚴頂次成諾布喇嘛先於圓圈處蓋了小屋閉關，後來才往下
移到平坦處修建寺廟。

往康嗚大寺與長海子的叉路口，三座嘛呢堆代表雪域三怙主觀音、文殊和金剛手。

昔日建寺時，一位僧人自山中找到此塊巨石，刻上〈六字大明咒〉奠基。

長海子（海子即湖泊的意思），嚴頂次成諾布喇嘛最早在此附近閉關，後因狐狸因緣才遷走。

天成白玉四臂觀音像

金川觀音廟

從觀音橋鎮仰望觀音廟和象山鼻尖上的巨大轉經筒。

2014年2月，我前往阿壩州朝聖大藏寺及毗盧遮那聖窟，往大藏寺途中看到很多徒步和磕長頭的藏民，有些同向有些逆向，開車師傅告訴我同向的是去大藏寺朝聖，逆向的是去金川觀音廟朝聖。

觀音廟？聽起來好像漢地的寺廟，師傅介紹觀音廟在大藏區遠近馳名，別稱「第二布達拉宮」。

半年後前往朝聖才明白，這別稱不是由於格局和布達拉宮相似，而是因為民間傳說金川觀音廟、西藏布達拉宮和浙江普陀山三地的觀音，本為三姊妹，分在不同處修行，無法前往拉薩朝聖布達拉宮的信眾，只需來此朝聖，功德相同。因此金川觀音廟香火旺盛，聽說祈願非常靈驗。加上毗盧遮那曾加持寺內供奉的四臂觀音及寺廟所在的納勒神山，名聲更加遠揚。

這是大藏區唯一主供四臂觀音的寺廟，藏語稱四臂觀音為「圖皆千波」，因此，觀音廟又叫圖皆千波寺，地位崇高，朝拜的信眾絡繹不絕。根據統計最近每年約有二十萬信眾及遊客慕名而來。

觀音廟始建於七世紀，已經有一千三百多年歷史，傳說當時有一位農民以鋤頭耕地時，挖到一個堅硬物體，那物體發出聲響，然後一尊天然狀似有四臂的白玉石像，從地裡鑽出來，當時空中發出崩裂巨響，驚動四方，民眾認為這是天然形成的聖物，稱為「天成觀音」，建小殿供奉，此即觀音廟前身。

1806年正式建廟，二十世紀中葉失火被毀，據說失火時觀音菩薩像憑空消失，後來寺方和信眾四處尋找，結果在七世紀出土位置找到，由僧人背回供奉，直至1979年寺廟重建，近年又

從觀音橋鎮上山路口設有煨桑廣場，矗立著號稱世界最大的煨桑塔。

修葺一新。

　　觀音廟位於納勒神山半山腰，海拔約三千公尺，附近以觀音廟為核心已規劃成「觀音橋旅遊景區」。前往觀音廟的公路環繞著納勒神山迂迴陡上，山谷對面有座綿延宛如象鼻的山脈，被稱為「象山」，象山脊樑延伸至山腳下的觀音橋鎮，蜿蜒的杜柯河從邊上流過，還有一座大轉經筒矗立在象山鼻尖，晝夜不停轉動，護佑這片土地。

上山路旁琳琅滿目的〈六字大明咒〉石刻，色彩斑斕。

　　2014年我首次前往朝聖時，看到大殿正面供奉的四臂觀音像，感覺不像白玉石像，請教殿內喇嘛，原來白玉石像被包覆在眼前所見四臂觀音內部做為保護。新塑四臂觀音微笑安詳，臉部豐盈嫵媚，各種金銀翡翠珍寶簇擁裝飾。

　　2018年二度前往，四臂觀音外觀又變了，殿內喇嘛說明，在原來的兩層外又再新塑了一尊，更加流光祥瑞豐盈，外加上下兩層一大一小金佛龕，四圍雕龍盤柱，百花環繞，奢華閃耀。

　　殿內裝璜金碧輝煌，數百盞酥油燈日夜長明，還有一盞能盛千斤酥油的銅燈。壁畫色彩豔麗。觀音像側面有一座價值連城的佛塔，使用十二斤黃金、十八斤白銀及許多珊瑚、瑪瑙、綠松石等珠寶精鑄而成。

　　殿外一側還有一座三層蓮花殿，每層都有精美唐卡，第一層供奉蓮花生大士和二十五弟子；第二層供奉四臂觀音和八大菩薩；第三層供奉無量光佛。

寺廟下方底牆彩繪八寶吉祥圖，紅底襯托特別鮮明。

通往寺廟最後一段台階又高又陡，此圖為台階左側，白塔成林，嘛呢成堆。

台階右側，新修了大佛塔，以石頭砌造，高達26公尺，底部四周各寬16公尺，內供
《大藏經》四套、各種經書及諸佛菩薩畫像等。

站在寺前看台俯瞰觀音橋鎮；白色字嗡嘛呢唄美吽所在即象山。

我於2014年朝聖時見到的二層四臂觀音像。

我於2018年二度朝聖時見到的三層四臂觀音像。

昔日自地下挖出的天成白玉四臂觀音像。
（此係仿塑）。

Tips

位於阿壩州金川縣觀音橋
鎮納勒神山半山腰，距州
府馬爾康71公里，距金
川縣城90公里，每天自
二地均有客車開往觀音橋
鎮，下車處即有叫客共乘
小車來回觀音廟。

流出甘露的千手千眼觀音壁畫

大藏寺

秋末冬初降瑞雪，大藏寺色調濃郁有如油彩畫。（大藏寺喇嘛攝）

在我走訪過的眾多藏傳佛教寺院中，大藏寺是最超凡絕俗的一座，遠離塵世，像是高山上的一幅水彩畫，又像是夢幻的童話王國。

　　第一回前往，時為三月，大藏寺所在地海拔三千多公尺，猶冰雪未化，我搭藏民摩托車上山，摩托車頻頻打滑，山路右側緊臨陡峻斷崖，膽顫心驚，但當大藏寺於雪地盡頭現身，莫大驚喜讓之前的一切變得微不足道。

　　大藏寺於1414年由嘉絨高僧阿旺札巴大師興建，至今已有六百多年歷史，是格魯派在藏東的總道場，明清時期，備受帝皇及朝廷尊崇。

　　阿旺札巴大師誕生於藏東嘉絨地區，幼年即因聰敏及才學而有名氣，後赴西藏依止格魯派宗喀巴大師，獲得顯密各種成就。傳聞某次僧眾集會誦經時，他因故遲到，殿門已關上，曾示現穿牆入殿的神通。

　　1409年，宗喀巴與阿旺札巴師徒在拉薩大昭寺「天成五位一體大悲觀世音」聖像前修持大悲觀音齋戒禁食閉關，宗喀巴囑咐阿旺札巴觀察睡夢。第二天，阿旺札巴向上師報告他夢到天空降下一雙白海螺，二螺合而為一掉入他懷中，他拿起往東方一吹，螺聲響徹。

　　宗喀巴回答：「這是一個吉祥的夢兆，預言你的弘法因緣在西藏東部你的家鄉，而且弘法廣大，能利益很多眾生！」

　　阿旺札巴於是告別恩師返回家鄉。據說當時宗喀巴將自己的一串佛珠送給阿旺札巴，阿旺札巴當即發大願要建立和念珠同等數目的寺院以報師恩！

寒冬下雪後，大藏寺粉妝銀砌，白茫一片。（大藏寺喇嘛攝）

　　這段故事雖未見於正史紀錄，但口述歷史流傳極廣。

　　大藏寺「大藏」二字的藏文意思是「圓滿的信心」或「滿足數」，便是因該寺係阿旺札巴發願興建一〇八座寺廟中的最後一座而得名。

　　原本我到大藏寺係為探訪三百多年前六世達賴喇嘛雲遊到此的事蹟，蒐集資料時，因緣讀了該寺祈竹仁波切自傳《浪丐心淚》，仁波切於十八歲離開大藏寺，徒步到拉薩，學法幾年，因時局不穩，逃往印度，後來輾轉到澳州弘法，晚年帶海外弟子返鄉，重建只餘斷垣殘壁的大藏寺。

　　仁波切歷經大半生飄泊流離的坎坷命運，看得我數度落淚，渴望拜見這位高僧。可惜我福報不足，在我抵達大藏寺之前幾個月，仁波切圓寂了。

　　祈竹仁波切在自傳中提到大藏寺有座小石碑，上刻觀音大士形貌，是紀念第六世達賴喇嘛到訪的一個表徵。傳說六世達賴喇嘛倉央嘉措扮作普通僧人，躲藏於大藏寺（當時稱為茶谷寺）護

美輪美奐的大殿內部，觀音甘露嘛呢丸就在此修法製成。

法殿修持。有一天，他被一位到過拉薩觀見過他的老僧認出來，倉央嘉措囑咐老僧保守秘密，老僧懇求他留下曾到訪的表徵做為紀念，倉央嘉措便說：「在我離開後，你在我倆見面這兒立一個觀音大士石碑，見碑如同見我本人！」老僧遵照囑咐立了石碑。

　　這座石碑就位在寺廟外圍的轉經道旁，石碑上的觀音大士，三面四臂，頭頂有尊阿彌陀佛，一手持蓮花，一手持羂索，此即

為紀念六世達賴喇嘛到訪而立的不空羂索觀世音石碑。

「不空羂索觀世音菩薩」，象徵觀世音菩薩以慈悲的羂索將苦難
的眾生接引到身旁救度，使其心願不會落空。

　　大藏寺因有詩人活佛之稱的六世達賴喇嘛曾到訪而聲名遠
傳，此外，大藏寺的觀音甘露丸（或稱嘛呢丸）也遠近馳名，由
大藏寺僧人在一年一度觀音修持閉關時，一連七天分組輪班誦
〈觀音心咒〉嗡嘛呢唄美吽，保持七天內二十四小時連續誦咒，
不斷加持而成。

不空羂索觀世音石碑一側掛了一幅十一面千手千眼觀音菩薩唐卡。

祈竹仁波切在自傳中提到：「僧人會預先以珍貴藥材及聖物舍利等造成大批丸子，放在一個純銀製瓶內，上蓋布料，放置方丈面前。法會期間，如果一切如法及僧人中沒有戒律不清淨者，往往能清楚看到瓶子冒出蒸氣及發熱。法會後，方丈打開銀瓶，如果本來裝得半滿的小丸自然增多了，便是修法成功，有時候小丸甚至會神奇地增長得極快，未等法會終結便增多到溢出瓶口。這些嘛呢丸，可以置家中供奉、佩帶身上或於病時服用，靈驗驚人。即使供在家中，只要保持乾淨，它們仍會神奇地自然變多。除驚歎加持之奇妙外，別無其他解釋這種現象的可成立理論。以上是我親歷的經驗。」

祈竹仁波切進一步說明：「嘛呢丸係以舍利等五聖物、黃金等五寶石、青稞等五種子、牛油等五甘露、苦參等五藥草及藏紅花等五香，混以炒過的青稞粉及牛乳，製成丸狀，放入密封瓶中，法會期間，若修持及加持如法，瓶身會散發出熱力及蒸汽。一週後，密封瓶中的小丸會增多。加持了的嘛呢丸有兩種，大顆是母丸，由母丸長出來的小丸是子丸。服食嘛呢丸時，首先洗手及漱口，把一丸放掌上，向大悲聖觀世音祈求免於非人之加害及障礙，增長壽命、功德及福份，並祈求將來能往生於普陀淨土中。發願後便可服下。」

除了觀音法會製成的嘛呢丸遠近馳名外，大藏寺有座只有僧眾能進入的護法殿，殿內有面牆上的千手千眼觀音壁畫也非常著名，經常流出甘露，祈願十分靈驗，寺方會將有需要的弟子的照片或寫有弟子姓名的小紙片放到觀音壁畫腳下，以求加持保佑。一般民眾若有需要，也可將背面寫名字的小照片寄到大藏寺的寺

悠遊在大殿前的這頭大黑牛，是寺廟飼養的放生牛，被暱稱為安娜，牠的故事曾在大藏寺網頁一夕爆紅。

管會，說明請放在護法殿觀音壁畫下，這是寺院的服務，不收費，隨喜供養即可。但因照片很多，每年1月1號，護法殿僧人會將照片全部清掉。所以，若希望長期祈福者，必須每年年初重新寄張小照片。

六月的大藏寺，四處盛開各式花卉，繽紛多彩。

供奉十一面千手千眼觀音的大悲殿，小而精美。

長長的轉經道，嘛呢輪上方供奉著四臂觀音。

大悲殿內的這尊觀音，係仿觀音橋鎮觀音廟的天成白玉觀音而成。

觀音甘露法會結束後，我隨三十多位喇嘛和藏民一起登上海拔4100多公尺的神山頂，修法祈福，煨桑，掛風馬旗。遠眺下方，四處陰雨，唯有大藏寺諸佛眷顧，陽光遍灑。

流出甘露的千手千眼觀音壁畫位於此棟紅色護法殿，只有僧人才能進入。

Tips

位於阿壩州馬爾康縣大藏鄉春口村，從馬爾康到大藏鄉每天下午有一班客車，隔天早上由大藏鄉返回馬爾康。但大藏鄉至春口村還有數公里盤山路，無客車，可租村中摩托車前往。

白度母蓮台

丹巴蓮花山寺

因經費有限,蓮花山寺規模很小,許多建設還未完成。

丹巴縣自古出美女，素有「美人谷」別稱，也因全縣保留眾多古碉堡，又被稱為「千碉之國」，我因為朝聖境內墨爾多神山而到訪過丹巴三回，遇到丹巴最美的季節是桃李花盛開的三月。

　　2018年11月我前往朝聖位於丹巴水子鄉的蓮花山寺，聯絡之前結識的甲居藏寨民宿老闆阿加，請他到客運站等我，碰面後直接出發。

　　大約十多公里，來到往寺廟的山路叉口，沒任何標誌，幸好阿加來過。山路既陡又彎，地面滿是坑洞及大小石頭，沒走幾個彎道，阿加的老爺車就打滑上不了，阿加說他們上次來是從叉路口開始徒步，也才走一個小時。我於是請他在車上休息，獨自徒步上山。

　　一下車就聽到觀音佛號在山間縈迴，找了一下，原來是路旁草叢裡安裝了小型擴音器。

　　邊徒步邊瀏覽風景，丹巴海拔約二千公尺，11月份秋色猶存，有些紅黃色的變葉木點綴在綠林中，煞是好看。

　　之型山路拐了無數彎後，路旁有塊刻了〈六字大明咒〉的大石塊，不久，離山路小段距離外，掛滿風馬旗的陡峻岩壁下方出現幾間閉關房，往上道路盡頭有座白色佛塔，一位喇嘛正往下走，彼此問候，喇嘛知道我從台灣來後，有點意外，問我怎麼知道這裡？我拿出網路列印的資料，喇嘛看了笑開懷：「這些都是我整理的。」啊，原來他就是寺廟管家岳慧喇嘛，漢籍，會讀藏文。他因趕著進城辦事，為我指出幾處重點位置後，便下山了。

　　蓮花山寺海拔2200公尺，1726年，由蓮師二十四弟子渣華卓揚化身的索南貢布修建，取名蓮花山寺。1842年清道光年

看到路旁出現刻了〈六字大明咒〉的大石塊，蓮花山寺就快
到了。

間，寺主擁忠喇嘛改寺為金頂，將原來的寺
院遷到山下村莊，更名法輪寺，並在寺廟旁
邊建了許多運用流水日夜轉動的經輪，藏語
稱為「曲科里」（水轉嘛呢輪），今日山下
村落仍叫科里村。依據記載，當時寺廟規模
龐大，香火興旺，從曲科里的法輪寺直到納
交一村公叉壩的附屬寺之間，形成一條由寺
院、經輪、商舖、客棧、民居組成的長形街
道，往來客商和朝拜信眾絡繹不絕，熱鬧繁
榮，可惜這些輝煌盛況毀於文革浩劫，如今
徒留「科里」村二字追憶。

崖壁下的僧寮和閉關房；蓮花山寺只有十多位僧人。

1986年，由於法輪寺舊址已被新農戶取代，只能在同樣毀於文革的山上金頂遺址處，重建一座簡易寺院，恢復舊名為蓮花山寺。2017年，在寺廟住持岳聖喇嘛努力下，信眾踴躍發心，加上有位浙江居士捐了近百萬人民幣，終於重建年久失修的蓮師殿、三聖殿、誦經樓和高四公尺多的觀世音銅像。

　　站在建於崖壁旁的觀音像平台觀望，視野開闊，四周山頭高低錯落，如同一片片花瓣，包覆成一朵盛開的蓮花，而寺院位置正好位於花芯。傳說昔日白度母要回淨土時，騰雲經過此處，看到群山環繞迭起，如重重花瓣，

Tips

蓮花山寺位於丹巴縣水子鄉，寺廟山路入口距丹巴縣城約12公里，入口沒標誌，對側是科里村科里電站的進水口，上山土路陡彎，崎嶇不平，建議徒步。

山谷溪流清澈，白雲飄浮，山風輕拂，於是下界休息，要離開時留下蓮台。經過多年，蓮台化成一座山峰，當地人稱「蓮花山」，寺院因而取名蓮花山寺。

　　寺院一側不遠土坡上，有四個如丈高巨石，傳說是毗盧遮那、玉扎寧波、墨爾多山神三人與扎日山神薈供留下的舊跡，其中單獨的那塊是毗盧遮那大師休息時坐過的石頭，其餘三個呈鼎狀，像是燒茶做飯用的灶台。

　　從巨石後面向上望去，山峰屬於扎日神山的一部份，扎日神山海拔約4800公尺，山體壯觀綿延，是寺院的守護神，與雪域八大神山具有同等加持力。

高四公尺多的觀音菩薩銅像，係為紀念觀音化現的白度母曾蒞臨而建，外相依漢式風格，乃因本地藏漢族混居。

蓮師殿內的蓮師塑像以當地黃土塑造，屬泥像結構，再依藏式規矩裝藏。

銅觀音及白塔平台面向山谷，若站在平台邊緣眺望，視野開闊。

毗盧遮那、玉扎寧波、墨爾多山神與扎日山神薈供留下的巨石聖跡。

寺廟一側山峰乃寺院守護神扎日神山延伸過來的山體。

全藏區最高的千手千眼觀音

塔公寺

面對塔公寺，中為大殿，右為覺臥佛殿，左為千手觀世音菩薩殿。

全藏區最高的千手千眼觀音銅像供奉於海拔3750公尺塔公寺的「千手觀世音菩薩殿」，於1997年建成。

　　塔公寺全名「一見如意解脫寺」，已有一千多年歷史。傳說西元七世紀文成公主與吐蕃國王松贊干布聯姻，自長安城前往吐蕃成親時，路經木雅藏族人居住的這片草地（塔公草原），覺得這裡空靈殊勝，便依照她要帶往拉薩的釋迦牟尼佛十二歲等身像模樣，重塑了一尊留駐，後來薩伽派於此興建了寺廟供奉。

　　由於文成公主所塑造的這尊佛像與供奉在大昭寺裡的釋迦牟尼佛十二歲等身像（藏語稱覺臥佛）一模一樣，使得塔公寺別稱「康區小大昭寺」或「第二大昭寺」，如果有人無法長途跋涉朝聖大昭寺，只要到此朝拜，具有同樣功德。塔公寺因此成為藏東地區藏民朝聖的主要聖地之一。

　　當年文成公主為利益眾生發願，除了新塑釋迦牟尼佛十二歲等身佛像，還塑了一尊高約一公尺的千手千眼觀世音聖像，這尊觀音聖像的材料使用漢藏地區神山的水、土和大量珠寶，據說具有不尋常的靈驗神力。

　　這兩樣珍寶現今都供奉在塔公寺的覺臥佛殿，該殿禁止拍照，我初次朝聖時，巧遇信眾供養刷金，殿門口厚重的藏式門簾被掀開，殿內有位喇嘛正在為覺臥佛刷金，殿內坐滿功德主，有幾位不斷走動拍照，我於是搭順風車，站在殿門外也乘機拍了幾張。

　　第一回因此未進殿參觀，半年後再度前往，入殿先向釋迦牟尼十二歲等身佛禮拜，佛像鑲滿金銀珠寶，禮佛完畢，轉身就看到一側護殿喇嘛坐的位置旁有一台九分格閉路電視，監視著不同

因有信眾供養刷金，覺臥佛殿厚重的藏式門簾被掀開。

塔公寺外圍有一長排大型轉經筒，及大型嘛呢石堆。

方位。這是我頭一次在寺廟大殿內看到現代化監視設備，百味紛
雜。

　　順向繞轉覺臥佛殿，在轉角處看到了那尊千手千眼觀世音聖
像，神韻古老而美好，觀音長咒〈大悲咒〉自自然然地在我心中
響起。其他眾多佛像，包括蓮師塑像、薩迦派祖師大德塑像等，
每一尊都美輪美奐，裝飾華麗精緻，想必價值連城，裝設監視設
備應是為了保護吧。

覺臥佛殿位於大雄寶殿左側，右側則是千手觀世音菩薩殿，內有全藏區最高的千手千眼觀音。我兩回入殿禮佛，殿內都沒人，任我拍照。

　　今日塔公寺除了著名的覺臥佛殿和千手觀世音菩薩殿外，還有大雄寶殿、祖師殿、護法殿、蓮師幻化殿、成就塔殿、塔林及寺院外圍數百個大小轉經筒等。其中，大雄寶殿保留許多已有三百多年歷史的舊壁畫，描繪諸佛菩薩、薩迦五祖圖、藏王赤松德贊迎請蓮花生大士入藏情景。此外，寺方並珍藏元朝國師八思巴法王到塔公時以神通在石頭上留下的足印、迦葉古佛的佛牙舍利、十一世紀印度大成就者那若巴用過的法鈴、八思巴贈給寺院的鎏金銅佛及印度高僧哄欽嘎然的手杖（裝藏在成就塔中），都是珍貴的佛教文物。

　　離開寺廟沿S215公路前行，不遠處就是寬廣綿延起伏的塔公草原，路旁有座展望極佳的小山丘，但四周被鐵絲圍住，需從唯一入口處付費才能進入。

　　登頂後環狀風光盡納眼底，遠處的雅拉雪山和木雅金塔 ❶ 交互輝映，雅拉雪山係藏區四大神山之一，藏語叫「夏學雅拉嘎波」，意思是東方白犛牛山，海拔5884公尺。山丘另一側可俯瞰塔公寺，越過寺廟，隔河是文殊山，右側是觀音山，左側是金剛手山，還有一座度母山位於公路往南不遠處。

---

❶在藏東有所謂的嘉絨藏族和木雅藏族，此處屬木雅藏族，崇拜雅拉神山，木雅既是族群名稱，也是一個地理區域的名稱。

觀音殿內主供的這尊觀
音，是全藏區最高的
千手千眼觀音。

觀音殿壁上千手千眼
觀音彩繪。

各殿堂基座外牆均雕刻了精美浮雕。

轉經道上處處可見各式〈六字大明咒〉石刻。

寬廣綿延的塔公草原，綠意盎然，每年七月中下旬，會在此舉辦「耍垻子」節慶，藏民著盛裝同歡，熱鬧無比。

為紀念班禪大師而修建、純金製作的木雅金塔，與雅拉神山互相輝映。

黃昏時自高處下眺塔公寺後方的塔林，相當壯觀。

Tips

塔公寺位於康定縣塔公鎮，距離康定縣城110公里，從康定到塔公每天有客運車來往，交通便利。

康區最大的嘛呢堆

塔公扎西寺

圖右台階上方即俗稱扎西寺的鄔金空行院。

動念朝聖扎西寺源自我在網路讀到一篇〈扎西寺遊記〉，作者記錄他們去了離塔公寺不遠的一間小寺廟，寺主是阿尼阿黑，十多歲就隨著師父在山坡挖了小山洞修行，師徒倆慢慢堆疊嘛呢石，如今已成為康巴藏區最大的一座嘛呢堆。

作者形容阿尼阿黑個子矮小，不會說漢話，無法溝通，但是：

「她一亮嗓，歌聲立馬擊中了我們，小莉哭了，過去拉著阿尼的手，阿尼一邊唱她一邊哭，兩個攝影師也哭了，其中有個是魁梧的漢子。我對於音樂所知甚少，但是我也被她用直覺擊中，歌聲無法用語言具體描述，但是所有的好詞我們都願意用。而天籟是什麼，一定就是她的歌聲。聽完以後才知道，那不過是普通的六字真言。這麼簡單的語言～」

我心生景仰，想效法精進修行的阿尼，也想聆聽她吟唱〈六字真言〉的聲音，那感動人的力量應該來自於她長期閉關修行及持續堆疊嘛呢石堆所累積的智慧與慈悲吧！

2018年底成行，從塔公寺走省道拐進村道，路旁有座氣派的遊客接待中心，不久進入各日馬村，村中處處可見白塔和嘛呢石，道路盡頭高處便是扎西寺，康巴藏區最大的嘛呢堆就位於寺前。

眼前寺廟不算小，門匾寫「鄔金空行院」（當地人慣稱扎西寺），大門緊閉的殿內傳出覺姆（藏東對女尼的稱呼）誦經聲。我從側門進去，殿內坐滿覺姆和信眾，我不想打擾進行中的法

在阿黑覺姆和師父的閉關山洞巧遇一位覺姆，敘述師徒故事。

會，只遠遠對著中央佛像頂禮，退出時在側門口遇到一位覺姆對著我笑，我問她會說漢話嗎？她點頭。

「請問主法座上的是阿黑覺姆嗎？」

「不是，阿黑覺姆已經圓寂很久了，八、九年，快十年了吧。」

啊，我看到的那篇文章是舊資料！

「那阿黑覺姆和她上師的修行洞還在嗎？遠不遠？」

「不遠，就在那邊山坡上。」覺姆指著寺廟前方右側山坡。

把供養寺廟的錢交給覺姆後，我往山坡走，之型小道舖了石階非常好走，轉幾個彎抵達一小平台，靠山坡有三個低矮山洞，必須彎腰才能進出。左為廚房，右為阿黑覺姆閉關洞，黑黑小小地，沒啥佈置，只放了酥油燈台。中為師父閉關洞，有一小壇城，還有師徒二人法照、阿黑師父的轉經筒及舍利塔等。

師父閉關洞內設有小壇城，並放置師徒二人法照、轉經筒及師父舍利塔。

從山洞下望，嘛呢堆上方非常平整，以方便請購嘛呢石者繼續往上堆疊。

　　我獨自於洞內靜坐了一會，感受師徒二人效法密勒日巴苦行的決心，密勒日巴是我非常崇拜的一位即身成佛大成就者，他於深山苦行，長年吃野蕁麻，吃到後來全身變成綠色，獵人看到還以為是鬼怪。

　　據說阿黑覺姆的師父是密勒日巴化身，於上世紀二〇年代來此修行。當時此處杳無人煙，阿黑師父在山上挖了個洞，做為閉關修行處。後來收十幾歲的阿黑為徒，阿黑覺姆另挖一個洞，跟隨師父專心修行。逐漸地，牧民陸續搬來周遭，慢慢發展，就此形成聚落。

　　扎西寺這巨大的嘛呢堆，就是從師徒倆開始，一塊一塊慢慢堆疊，阿黑師父和她都過著如密勒日巴一般的苦行生活，許多人受他們感動，也隨著發心往上堆疊嘛呢石，這才形成現今這大規模。

　　山洞前平台緊臨陡坡，下方就是以大石板雕刻〈六字真言〉堆疊而成的嘛呢堆，嘛呢堆上面非常平整，以方便請購嘛呢石者繼續往上堆疊。任何人只要願意，都可在村中選購嘛呢石，有樓梯供爬上頂端堆疊。據說堆疊的〈六字真言〉已有十多億字，還有《大藏經》二十八套，令人歎為觀止。

我從山洞下到嘛呢堆繞轉，嘛呢石上刻著不同顏色〈六字真言〉，陽光下閃耀著光采，仰望這面積約三百多平方公尺，高十多公尺的嘛呢堆，令人恍惚，簡單的六個藏文字，蘊涵著阿黑覺姆和師父的發心、請供者的祈願以及當地工匠刻寫的功力，底蘊豐沛。

環繞嘛呢堆四周有一整排中型嘛呢轉經輪。

五顏六色斑斕的嘛呢石，在陽光下熠熠生輝。

Tips

從塔公寺沿S215公路往八美方
向約數公里，右側出現木雅大
寺的山門，路口有指示牌標註
往各日馬村3公里，扎西寺5公
里。從塔公到格日瑪鄉叫客拼
車每人5元，包車單趟35元。

離扎西寺不遠的木雅大寺，能同時容納十萬人
舉行法會，周圍以四百多個小白塔牆圍繞。

依觀音授記化導眾生

嘎絨寺虹化大成就者白瑪鄧燈

白瑪鄧燈尊者創建的嘎絨寺位於朗朗神山（又名扎嘎神山）半山腰。

白瑪鄧燈（1816～1872年）是蓮師授記「噶陀十萬虹身」的最後一位，虹化後，僅餘頭髮和指甲，以做爲「具信者之聖緣物，餘此之外身支分，悉皆化爲淨虹光」（引用全知米滂仁波切語），可說是近代有正式記載且被普遍公認虹化證量示現最高的大成就者。

　　白瑪鄧燈尊者親自創建的嘎絨寺（漢譯爲賢劫千佛寺），位在四川省甘孜州新龍縣雄龍西鄉的朗朗神山半山腰，此神山的山型有如普巴橛，是天成的普巴金剛道場、賢劫千佛的道場。尊者說：「本寺與穩固天成的桑耶寺神力相等，所以凡是見聞覺知者均可獲得解脫之種子。」

　　在白瑪鄧燈尊者的傳記中曾詳細記載他受到觀音授記以轉經輪弘揚〈六字大明咒〉化導眾生的經過：

　　　「十八歲時，於夢境與覺受合一中明見，地獄眾生皆受無量的苦厄。他們所受的痛苦如下：整個極爲恐怖，響起殺殺、砍砍、吽吽、呸呸的巨響聲。死主閻羅王其身紫黑色，面相極爲憤怒，彼前有黑白二業童，辨別審判諸眾生的善惡。對造罪者鎖上了鐵鍊，由戴著不同面具的死主牽到了滾滾鐵水和煬銅的地獄鍋中。對於善者，則由眾勝導上師引向美好的白色道路上。

　　　我對地獄銅鍋沒有絲毫害怕，僅想到惡業深重的此等眾生多麼可憐！隨即猛屬地祈請上師三寶。瞬間自前方虛空中顯現了寂靜面帶微笑、慈祥的大悲觀音

上師，我即稟告：『上師大悲，是否有引導此等可憐惡業眾生解脫之方便？』

上師回答道：『有此方便，孩兒你不離慈悲心，跟隨著我來。』

剎那間，即沿著璀璨的水晶梯，跟隨上師大悲觀音來到了一個十分莊嚴的剎土。這裡有如意樹、甘露泉及各種各樣美麗的花園，歡快的鳥兒唱著六字真言等法歌，具足種種的功德。

剎土中央有一座由許多珠寶構成的具相無量宮，宮殿中蓮華錦緞寶座上，大悲上師身著莊嚴寂靜十三服飾，威力熾燃而坐。左右兩邊坐著怙主綠度母和白度母，十方眾菩薩、空行母，以及竺藏諸大成就者圍繞身邊。

我祈請道：『我的大悲上師啊，請賜予我度脫眾生的方便吧！』

大悲上師便手持一個非常大的經輪右旋著，大悲主及眾眷屬同聲唱起了六字大明咒，並將轉了許久的經輪放在我頭頂上，加持後賜予我，並囑告：『願孩兒你轉此法輪引導眾生。』這樣說了三遍。

我即從覺受與夢境中醒來。想起了地獄眾生受苦之境，既對彼等生起了慈悲心，憶起面見大悲主聖容和莊嚴剎土，又生起了無比的喜悅之情。」

之後，白瑪鄧燈尊者工作了一個多月，做成一個標準的經

嘎絨寺大殿。

輪。師徒圓滿廣大勸化行善斷惡，並四處鼓吹放生、佈施、豎經
幡、製作六字真言石刻及動員念誦〈六字真言〉等以利益眾生。

　　白瑪鄧燈尊者還曾修建貢覺寺等其他寺院，長期駐山，取出
許多伏藏，在宮喀山修行時多次流鼻血，以此為緣起，多次在
岩石上親手寫下〈三怙主暨成就法〉，至今還看得到遺跡。據當
地居民所見，有一次尊者瞬間下筆寫字，寫出了七疊〈六字大明
咒〉，當時在寺院附近還發掘出大悲觀音的黃紙和許多嘛呢丸，
尊者分賜給當地僧眾和百姓。

從高處俯視嘎絨寺及雄龍西溝（溝指山谷），山與谷相伴綿延。

朗朗神山上有一高聳崖壁，懸岩洞為金剛蓮師洞，洞下方岩壁有千手千眼觀音菩薩自顯像。

古老斑駁的大門流露出歲月的痕跡。

供奉於朗朗神山白瑪鄧燈昔日閉關洞內的尊者塑像，內裝藏尊者牙齒。（本圖取自網路）

Tips

嘎絨寺位於新龍縣雄龍西鄉孜科村，離縣城近40公里，無班車。

爐霍果青寺

果青寺腹地狹窄，僧舍分散於陡斜山坡，高低錯落。

前往果青寺的鄉道沿河而行，對岸山坡有間苯教寺院。

　　果青寺位於甘孜州爐霍縣與色達縣交界，屬寧瑪派，也是喇榮五明佛學院堪布慈誠羅珠仁波切的本寺。

　　寺廟創建於1173年，最初建寺位置並非現址，後因伏藏大師寶洲《金剛橛無上大圓滿》授記：「依靠於尼瓏帕增地方，可以統治奶海地。」按照記載，此處有觀世音菩薩的聖山，山上有果樹自然形成的大傘，下面有金剛岩石形成的自然座，中間有觀世音菩薩加持的大石板，上有自然形成的〈六字真言〉。左方有從岩隙裡流出的清澈小溪，猶如寶瓶裡的甘露一樣貴重，飲用能廣增智慧。此外，岩石上還有特別的腳印手印，四周樹木花草自然裝飾，鳥類自在歌舞。

快抵達寺廟前的路旁，出現一座老舊佛塔。

依此授記，果青寺於1574年遷移至此殊勝的聖地，命名「傑吉達摩寺」，漢譯為「勝利母虎寺」，但當地百姓仍習慣稱「果青寺」，形成約定俗成。

1665年，大持明昆桑謝饒大師在白玉地區創建吉祥尊勝菩提法洲寺（俗稱白玉寺），大師精通三藏四續，於三大藏區德高望重，廣收徒弟，弘揚佛法。果青寺的烏金索南前往依止，研習大小十明，樣樣精通，見、修、行都達到很高境界。當時果青寺香火衰微，已臨潰散邊緣。果青烏金索南於是依昆桑謝饒大師授記，將果青寺直貢噶舉派法統（1173～1665年）改為寧瑪白玉派法統。

建寺九百多年以來，有以果青喜饒米班（智慧火焰）、貢桑瑠布（普賢寶）、卻勒秋嘉（殊善法王）等為首的眾多瑜伽成就者，圓寂時出現殊勝現象，有些虹光身，有些化為微塵，有些出現大量舍利，全部都有記載。

果青寺距爐霍縣城約50公里，2018年11月我從縣城包車，先走G318國道10多公里，於泥巴鄉彎進往卡娘鄉的鄉道，這段路沿河而行，才剛修好不久，之前是土路，當地人都以「晴天一身灰，雨天一身泥」形容。行駛約25公里後過河，經過卡娘鄉

降達村完全小學，再往山裡約8公里，最後一段陡坡約2公里，即抵果青寺。

　　停好車，看不到任何僧人，到處堆滿凌亂物料，問了藏族工人，原來正在重建大經堂。請教自顯六字真言石位置，回答「就在山坡上一棵大樹下」。

自顯〈六字大明咒〉大石塊藏身於山坡樹下，下方即重建中的大經堂，四周山巒積雪未化。

前往途中，發現這裡腹地狹窄，僧舍全分散於陡斜的山坡，高高低低錯落著，無論我怎麼變換角度取景，都只能拍到一小部份，始終不見全貌。資料記載目前果青寺佛學院有學僧八十多人，實在感覺不出來。

爬到山坡，發現大樹有好多棵，山坡土路陡斜，一走過就塵土飛揚，上上下下來回找了一會，才在一棵枝葉已略枯黃的大樹下看到自顯六字真言石。

口誦〈觀音心咒〉頂禮後，我拿出資料對照，當前腳下踩的就是觀音菩薩聖山，頭上是枝葉如大傘的大樹，樹下地面一堆金剛岩石形成自然法座，座上中央就是觀音菩薩加持的大石板，石板上有自然形成的〈六字真言〉。但沒找到「從左方岩隙流出甘露般的清澈小溪」和「岩石上有特別的腳印手印」。

石板上的六個藏字挺拔有勁，不知是昔日自顯時就如此，還是後來有人為加工，奇怪的是，嗡的藏文多了一個下加字，變成嗡和啊二字合體。❶

要離開時，回望果青寺，明明艷陽高照，萬里藍天，氛圍卻荒涼寂寥，不見一個朝聖客，前後只看到兩個喇嘛，好像這裡與世隔絕，被世人遺忘了。此處不是「觀世音菩薩語道場」嗎？

不過往正面想，與世間隔絕，沒有外來遊客干擾，也最適合閉關修行！

---

❶後來請教上師，原來是我孤陋寡聞，六字大明咒的嗡字若寫成 ，由上至下共包含五個藏字元素，係代表五方佛。

觀世音菩薩加持的大石塊，上有自然形成的嗡嘛呢唄美吽六個藏字。

下山時，經過一僧房，有位老喇嘛坐在地面一動不動，宛如入定。

從果青寺回到爐霍縣城，一整天沒吃主食，進小餐館點了素炒飯，等待時進來兩位僧人，遞給我一張紙，上有被燒毀的殿堂照片及個人身份證影本，還附了一段中藏文募款說明。

看到寫著寧瑪派打莫寺，我好奇地問寺廟位置。

「在白玉。」其中一位喇嘛以不太標準的普通話回答。

「我是白玉傳承，去過白玉很多次，沒聽過這寺廟啊。」

「白玉寺廟很多，我們寺廟在山上。」

我捐了五十元，祝福他們殿堂早日修復，同時在心中祈願結下善緣。

他們離開後，餐館的漢族老闆問我給了多少？

「五十元。」

「哎呀，給那麼多，他們是假的，給一元就好了。」

「沒關係，我當他是真的，就是真的。」我笑笑回答。

多年來行走藏地，時常碰到行乞者，我曾經也困惑於對方的真假，後來偶然讀到寧瑪昌列寺嘎瑪仁波切的一篇開示〈佈施精要：真佈施不怕假乞丐〉，精譬之言，解我疑惑。

如果我們已經產生佈施之心時，就不要擔心佈施的對象是否值得佈施。因為，我們的心很純淨的話，

佈施出去時，功德就圓滿了，他們乞討是自己因果業報的問題，和你的佈施是不相關的。所以，真佈施不怕假乞丐！

阿瓊仁波切說：當看到乞丐前來，做為菩薩，內心應感到無比歡喜，當聽到乞丐的呼喚聲：「行行好吧！」要喜不自禁的拿出自己的東西給他。當時，如果有吝嗇念頭出現，就要想到吝嗇的過患，憶念「吝嗇轉生惡鬼處，投生為人亦貧窮」，這樣對治了吝嗇之後慷慨解囊。

索甲仁波切曾說：如果你持續觀想慈悲，當你看到別人受苦，你的第一個反應將不只是憐憫而是深刻的慈悲。你要尊重甚至感激他，因為你知道，任何人以其痛苦讓你開展慈悲心，就是給你最好的禮物，因為他們正幫助你增長通往覺悟之道的資糧。這就是為什麼我們說，在西藏，乞討的乞丐和讓你心痛如絞的老病婦，可能都是諸佛喬裝而成的，在你的修行之路上示現，幫助你增長慈悲心，邁向成佛之境地。

如果我們遇到貧困飢餓或其他痛苦的人，雖然我們很難明白真相，但在不影響自己的生存下，只要有能力，應該以純淨的心，盡可能地去佈施。

財佈施的重點，在於清淨純正的發心。

Tips

果青寺位於距爐霍縣城約50公里的偏遠山區，無客車，須從縣城包車前往。

四川省
甘孜藏族自治州
石渠縣

西藏第一座度母殿

隆塘志瑪拉宮

隆塘志瑪拉宮正門全景。

很早就有法友告訴我西藏最早主供度母的佛殿位在隆塘，但隆塘在哪裡？只知在藏東，無詳細位置，我遍尋不著。直至2018年，意外獲知康巴地區著名的度母廟位於甘孜州石渠縣洛須鎮，藏民稱「隆塘志瑪拉宮」，藏語「隆」是黃牛，「塘」是平壩，「志瑪」（通常漢譯為卓瑪）是度母，「拉宮」是佛殿的意思。

　　洛須鎮位於金沙江畔（對岸即西藏），離縣城72公里，海拔約3600公尺，自古有「青稞之鄉」美稱。藏籍史書《西藏王統記》記載唐文成公主「行至康區之白馬鄉，開荒種田，安設水磨。」白馬鄉指的就是背倚白馬神山（藏語，即蓮花神山）的古洛須，當地藏民世代傳說白馬壩耕田的黃牛是文成公主一行人引入的，因此洛須舊稱「隆塘」。

　　文成公主入藏是唐貞觀十五年（641年），據說進藏隊伍來到這溫暖富饒的江畔小城，駐紮休養了一段時間。後來抵達拉薩，文成公主以五行之術算出要鎮壓雪域女魔，必須在其身體關鍵部位上建立寺院，其中建在女魔右掌心位置的寺院就是「志瑪拉宮」。建成後，藏王松贊干布將一尊由文成公主帶到拉薩的度母，賜予該寺院供奉，因此有人稱其為「公主度母」。

　　石渠縣目前正在打造洛須鎮為「千年唐蕃古道」重要一站。昔日文成公主從長安出發，西出日月山後，到底走哪條路線到拉薩？眾說紛紜。有人認為翻越巴顏喀拉山，走青海瑪多縣、稱多縣到玉樹；有人認為該線凶險難走，比較可能走偏東的青海達日縣、班瑪縣，南下甘孜州石渠縣，經由洛須鎮渡過金沙江，進入玉樹（勒巴溝有文成公主遺跡），再前往拉薩。

　　後項論點在1980年離洛須15公里山谷發現吐蕃時期石刻佛像，再經中國故宮博物院和四川省文物考古研究院於2005年考察確認後，得到有力佐證。石崖寬7公尺，最高處28公尺。當地傳說那是文成公主入藏時用馬鞭抽出的，稱為「照阿拉姆」（藏語，意指石崖上的仙女）。

　　志瑪拉宮原本位於現址對面不遠山上，有一次山洪爆發被往下沖，度母像平移到現今位置，洪水過後，人們就在這裡重新修建了志瑪拉宮，而重建的志瑪拉宮至今也已有300年歷史了。

　　志瑪拉宮共收藏了三尊價值連城的度母，據說歷史上三尊度母都曾開口說話，但最靈驗的是公主度母。上世紀末葉，公主度母曾失竊，賣到尼泊爾，幸好被一位西藏商人趕在英國人前把它買下，聽說度母對西藏商人示現說話，西藏商人將公主度母送回志瑪拉宮。從此，寺方考量安全，將三尊度母鎖在保險櫃內，只有度母法會時才隆重請出，供信眾瞻仰。

照阿拉姆摩崖石刻畫線條簡潔流暢，主尊為大日如來（釋迦牟尼法身佛），左右為脅侍
觀音菩薩（頭上有阿彌陀佛）和大勢至菩薩。

志瑪拉宮正殿不大，但四周轉經道範圍廣大。

石刻雕鏤，精美彩繪的四臂觀音。

供奉鎮寺之寶的正殿；右側
二層樓建築為僧寮。

轉經道途中有一室內
大轉經輪房。

243

我和諾布師傅抵達志瑪拉宮時，殿內數位喇嘛正在誦經，我倆禮佛完畢，一位坐在位首的喇嘛拿起甘露寶瓶對我們示意，諾布和我趕緊向前屈身伸出手掌領受甘露，我趁機問：「請問可以拜見三尊度母嗎？」喇嘛看我一眼，停頓了幾秒鐘，微微點頭，我心中歡喜無以言表。事前看資料，許多人不是被婉拒，就是掌管鑰匙喇嘛外出，無緣見度母，我還想萬一被拒，就以台灣藏傳佛教徒身份拜託，沒想到如此順利（事後諾布說我口音一聽就是遠道而來的南方人）。

這位喇嘛名叫多傑頓珠，恰好就是他掌管鑰匙，他領著我們前往壇城右側的立式保險櫃，自腰間取出一串鑰匙開鎖，捧出一座堆滿五顏六色琉璃珍珠寶石的曼達盤，三尊比我想像還小的迷你度母隱身其中，珍寶滿溢到只

Tips

洛須鎮距石渠縣城72公里，志瑪拉宮位於洛須鎮金沙大道14號，側門對著文成大道。2018年8月我從縣城包車前往洛須鎮，正在修路，路況非常差。

能看到一尊度母容顏，其餘兩尊只看到頭頂。多傑頓珠喇嘛介紹左邊是文成公主帶來吐蕃的能言度母，右邊是吐蕃王索南多敦贈送的度母，上方是五世達賴喇嘛贈送的度母。

本來想拜託喇嘛撥開珍寶，讓我清楚拍下三尊度母，但這時在殿內的所有藏民全已聞訊圍攏，雙手合十低首請喇嘛以度母曼達盤加持，還有人喊在門口的其他藏民，喇嘛忙碌地為眾人加持，我只好作罷。

小小的曼達盤內，左為公主度母，右為吐蕃王索南多敦贈送的度母，上為五世達賴喇嘛贈送的度母。

三尊度母的本來面目。（取自網路，喇嘛正在為度母刷金）

保護鎮寺之寶三度母的保險櫃，左右為蓮花生大士像與度母塑像。

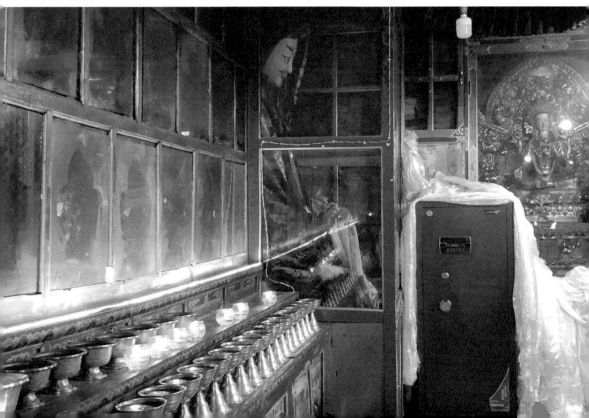

四川省
甘孜藏族自治州
石渠縣

活著的千年嘛呢古城

松格嘛呢石經城

遠望石經城就像一座四周被鐵絲網包圍保護的黑色孤獨城堡。

石渠縣是四川省面積最大、海拔最高的縣，位於長江與黃河上游之間，境內平均海拔4500公尺，連縣城也高達4250公尺，年平均氣溫-1.6℃以下，最冷曾-45℃，空氣含氧量僅平地46%，因此被稱為「生命禁區」，面積二萬五千多平方公里，約台灣三分之二大，人口卻只有六萬人。

在這種生存環境惡劣、幅員遼闊的高原地區，寺廟稀少且距離遙遠，導致嘛呢石刻成為藏民表達信仰和寄託祈願的主要方式。因此，嘛呢石刻文化在石渠縣及相鄰的青海玉樹州、西藏昌都地區北部以及整個藏北牧區最為發達，無論多麼偏僻的荒野，都可看到規模或大或小的嘛呢石刻堆。

根據調查，石渠境內各式嘛呢石刻堆和石經牆多達二百九十六座，其中歷史最久的是松格嘛呢石經城，距今已有一千多年。

相傳十一世紀格薩爾王（蓮師化身）時期，為了替戰死的將士們祭奠，在此堆疊了一座嘛呢城，到了十六世紀初，高僧白瑪仁青在此基礎上進行擴建，從最初單純對世俗將士的祭奠轉為世俗與宗教信仰合一的嘛呢城，後經民眾來此朝覲及不斷堆疊，面積愈來愈大，成為今日青藏高原唯一的一座嘛呢石經城。

松格嘛呢石經城距石渠縣城約70公里，位置偏僻，路況不佳，途經雅礱江（金沙江最大支流），宜牛鄉，往阿日扎鄉方向，全段大多是顛簸的砂石土路。

我去時11月，路面已積雪，經過阿日扎鄉時，阿日扎寺和五明佛學院範圍之大令我有點意外，師傅說是石渠最大的寧瑪派寺院，規模僅次於格魯派色須寺。

從阿日扎寺到松格嘛呢石經城還有二十多公里，沿河邊往北

寧瑪派阿日扎寺和五明佛學院，範圍廣大。

開，快到時，前方開闊處出現一片帳篷區和簡陋木板屋，師傅告
訴我那些是從古至今朝聖繞轉松格嘛呢石經城的藏民，年深月久
後逐漸形成的聚落，有些人長住這裡，每日繞轉石經城，其中有
幾戶人家還為繞轉的朝聖客提供簡單餐飲及住宿。

離石經城不遠有片帳篷區和簡陋木板屋，是長久以來由朝聖者形成的聚落，居住在海拔高達4200公尺的此地，虔誠信仰之力量令人敬佩。

　　過了聚落沒多久，海拔4200多公尺的松格嘛呢石經城在地平面現身，四周極為廣闊，遠望石經城就像一座四周被鐵絲網包圍保護的黑色孤獨城堡，一點也不雄偉，但隨著距離拉近，下車步行進入圍籬，與石經城正面相對時，強烈的信仰力量波濤洶湧，迎面襲來，刻記在每片石塊上的咒語經文，雖已斑駁，卻承載了虔誠藏民千年相續的廣大「信、願、力」。

　　石經城東西長73公尺，南北寬47公尺，城的外牆高度大約9公尺，中心主體經幢部份最高點將近15公尺。有人統計，光城外圍牆上就有神龕383處，城內同樣布滿無數神龕，每個神龕內均供奉著各式各樣雕刻或彩繪的精美佛像和心咒，堪稱為草原上的石刻藝術館。城外下方並有一排極為古老的轉經筒。

石經城正面，東西長73公尺，南北寬47公尺，有些部份已傾頹。

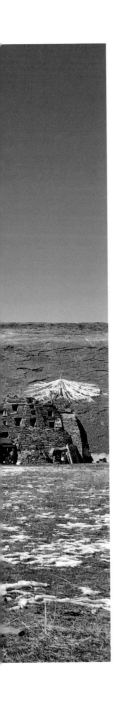

　　松格嘛呢石經城被稱為是一座「活」著的城，自它存在以來從未停止過建造，每年都有無數新的嘛呢石不斷往上堆砌，即便在文革時期也未中斷。

　　不過，它雖不斷往上堆砌，卻又永遠長不高，為什麼呢？

　　由於此處靠近河灘濕地，石塊重量使得石經城不斷下陷，地面下高度不輸地面上高度。石渠縣文物部門曾在牆基處往下挖，發現底部嘛呢石所刻經文大多為梵文，原本要繼續下挖，測量底部有多深，但遭藏民抗議反對，只好回填。

　　當地還流傳一個傳說，上世紀六○年代，政府想拆毀石經城，預備拆毀那天，領導帶隊前往，半路發現手錶不見了，返回尋找，等找到天色已晚，只好隔天再去。當天夜裡，領導老婆突然自殺，領導只能把拆毀一事暫時放下，等到處理完家事，再度率眾前往，突然天降大雪，道路被阻斷，折騰等候了一星期，怎麼也過不去，最後只好作罷──松格嘛呢石經城就這樣保存了下來。

Tips

松格嘛呢石經城位於石渠縣阿日扎鄉，距石渠縣城約70公里，只能包車前往。因路況不佳，前往的遊客較少，包車費也比去巴格嘛呢石經牆高。

古老的轉經筒；上方神龕內左為綠度母，右為四臂觀音。

不少藏民攜家帶眷，全家一起繞轉石經城。

有人統計，光城外圍牆上就有神龕383處，城內同樣布滿無數神龕。

石經城中心主體的最高點（與我位置隔著幾條通道，無法靠近）。

石經城內有通道可穿行，因考量危險禁止進入，只開放堅固的一小部份，有木梯可登上城頂。

登上城頂後，看到城內有一座全由嘛呢石堆疊而成的佛塔。

活著的千年嘛呢古城 —— 松格嘛呢石經城　257

世界上最長的嘛呢牆

巴格嘛呢石經牆

巴格嘛呢石經牆光單邊就1.7公里，繞行一圈長達3.4公里。

巴格嘛呢石經牆位於石渠縣長沙貢馬鄉扎溪卡草原，是世界上最長的嘛呢牆，由一世華智仁波切所創建，因此又名華智嘛呢牆。

　　三百多年前，第一世華智仁波切巴格桑登彭措有天夢見一個穿白袍騎白馬的人對他說：「你的功業是修築嘛呢牆。」於是他四出尋找，某日騎著一匹騾子來到此地，騾子站住不動，草原上傳來誦嘛呢咒的聲音，一位藏民出現面前，手上拿著一塊刻有〈六字大明咒〉的石頭，問仁波切買不買？原來這人專門刻石經文，名叫次仁，藏語是長壽的意思，這徵兆顯然是一殊勝緣起，於是仁波切用一匹騾子換了石頭，以它為奠基石，做為中心，歷時幾百年的華智瑪尼牆之堆疊就此展開。

　　巴格嘛呢石經牆橫臥在《格薩爾王傳》中青藏高原七座著名神山之一的扎嘉神山下，此地也是蓮花生大士和眾多持明大成就者特別加持的聖地。

　　數百年來，這一塊塊凝聚著信眾虔誠信仰的嘛呢石，逐漸堆疊牆體厚度和高度都約3公尺，呈直線由東向西延伸，單邊長1.7公里，順時鐘繞轉一圈就是3.4公里，普通速度需走一小時。牆內計有石刻藏文《甘珠爾》、《丹珠爾》各兩部，《賢劫經》一千部，《解脫經》五千部，佛像三千餘尊，各式大小嘛呢石無數。南北兩面均有幾乎等間距的內凹小佛龕，龕中供著彩色線刻石板畫或藏文經板，每隔一段距離有高立的經幡木杆，還有排列整齊的塔群等。

　　石經牆由附近扎嘉寺管理，在石經牆外側，立有木牌「殊勝前譯寧瑪派扎嘉寺和華智嘛呢牆刻經，誦經，祈福登記」，為信

眾提供服務。

　　扎嘉寺是寧瑪派重要寺廟之一，創建於十七世紀，1804年由一世如來芽尊者擴大重建，開始大圓滿龍欽心髓的傳承，傳授給華智仁波切和蔣揚欽哲旺波等高僧大德，法脈完整傳承至今，未曾中斷。

　　最為寧瑪派信眾所敬仰及熟知的第三世華智仁波切，全名為巴楚晉美秋吉旺布，簡稱為巴楚仁波切或巴珠仁波切，他所著作的《普賢上師言教》被寧瑪派奉為修行圭臬。1808年出生於石渠扎溪卡，因此也有人稱其為「扎巴珠」，他天生具有超凡悟性和智慧，幼小便無師自通文字讀寫及解義，被認證為巴給桑登彭措大師（即第一世華智仁波切）的轉世。後有幾位偉大上師還認證他是寂天菩薩和觀音菩薩的化身，也有認證他是吉美林巴尊者的語化身。

　　華智仁波切說：「用泥塑的佛塔佛像怕被雨水沖壞；用金和銅做的佛塔和佛像，人們會生起當作財物的貪心，又怕被偷；壁畫佛菩薩，容易脫落壞掉；修建大殿怕漏水；印刷經書哪怕校對九遍也難免有錯字。而嘛呢咒刻在石板上，夏天不怕曬，冬天不怕凍，不需雇人照看，無有財物的貪心，字少不易刻錯……。做其他功德猶如抓住樹枝，刻嘛呢則像抓住主幹一樣；就算整個地域遍滿強盜和蠻兵，嘛呢石也不會受到損害，會一代代流傳。」

> **Tips**
>
> 距石渠縣城53公里，需包車，路況良好，朝聖客及慕名而來的遊客眾多，可順道參觀不遠處的寧瑪派扎嘉寺。

石經牆正面中央有座金碧輝煌的小佛殿，安立一尊精美的四臂觀音像，門楣標註藏文「桑多巴瑞」，漢文「銅色吉祥土」，代表蓮師吉祥宮殿淨土。

殿內主供蓮花生大士，左法照為法王如意寶晉美彭措，右法照為大圓滿導師門巴大堪布，下方石
版畫像為扎華智仁波切的上師第一世無畏如來芽尊者。

第三世扎華智仁波切晉美秋吉旺布尊者塑像。其著作《普賢上師言教》被寧瑪派奉為修行圭臬。

南北兩面均有幾乎等距的內凹小佛龕，供奉彩色線刻石板畫或藏文經板。

各式佛塔和經幡旗。

各式度母法相。

四臂觀音。

立式四臂觀音。

嘛呢石刻。

觀音神山下的度母湖

亞丁卓瑪拉措

仙乃日神山與卓瑪拉措度母神湖。

換乘觀光車進入景區，公路盤旋。

　　四川著名旅遊景點「亞丁自然保護區」，位於甘孜州稻城縣
日瓦鎮（又稱香格里拉鎮）亞丁村，這裡也是藏傳佛教的聖地，
八世紀時，蓮花生大士親自加持，並把三位本尊菩薩的名號賦予
區內三座高山，包括海拔6032公尺的北峰仙乃日代表觀世音菩
薩；海拔5958公尺的南峰央邁勇代表文殊菩薩；海拔5958公尺
的東峰夏諾多吉代表金剛手菩薩，合稱「三怙主神山」，藏民慣
稱「日松貢布」。

　　區內還有三座聖湖，珍珠海（海拔4450公尺）、牛奶海（海
拔4600公尺）和五色海（海拔4700公尺），三神山的壯麗和三
聖湖的柔美，交織譜成令人目眩神迷的風光。

　　神山聖湖中最容易到達的是仙乃日觀景台與珍珠海，仙乃日
神山的山形酷似一尊身體後仰的大佛，峰頂積雪終年不化，山

腰呈環狀冰斗下斜，神山腳下即珍珠海，又叫度母海，藏語稱為「卓瑪拉措」，意思即度母神湖，由仙乃日神山融雪形成，面積0.1平方公里，四周全是茂林翠屏，春天杜鵑花爭艷，秋天林木五彩斑斕，搭配觀音神山壯闊的冰川雪峰，度母神湖宛如一顆鑲嵌在深山中的大翡翠，粼粼碧波，輕盈曼麗，湖面倒影寂靜而神秘。

距卓瑪拉措步程半小時處，有座格魯派小寺廟沖古寺，意思是建在「湖泊源頭的寺廟」，海拔3900公尺。傳說昔日有一高僧根秋加措大師為弘揚佛法，在此興建寺廟，在動土挖石時觸怒了本地神靈，降禍當地百姓感染痲瘋。大師不斷誦經修法，祈求神靈免去百姓之苦，他個人願意承擔所有災難，最終感動了神靈，百姓平安，他卻染上痲瘋往生，當地民眾為紀念他的功德，將他靈骨安葬在寺內供奉。

沖古寺也是上個世紀美國植物學家洛克在亞丁一帶考察時的駐地，洛克後來撰文介紹稻城亞丁，於美國《國家地理》雜誌發表，世人為之驚艷。

Tips

前往稻城可自成都搭機或班車，再包車或拼車前往香格里拉鎮，車程一小時，購買景區門票和觀光車票（不出景區，三日內有效）後，乘觀光車進入景區，終點下車徒步十多分鐘即到沖古寺，從沖古寺徒步前往卓瑪拉措約半小時。

一般相信，繞轉三怙主神山一次相當於念誦一億遍〈六字大明咒〉的功德，若因故無法轉山，也可繞轉十五次沖古寺，功德相同。

沖古寺正門外有一座大嘛呢堆與小煨桑爐。

沖古寺，寺名意思是建在湖泊源頭的寺廟，海拔 3900 公尺。

從沖古寺步行前往卓瑪拉措，路徑很好走。

沖古草甸，意思是湖泊源頭的草甸，素有天然盆景之稱。

觀音菩薩、綠度母和白度母清修聖地

扎嘎神山

2014年第一回來時，扎嘎神山四周掛滿風馬旗，繽紛多彩。

2014年馬年，是西藏阿里地區岡仁波齊神山本命年，本計劃和友人前往轉山，沒想到入藏相關證件沒批准，臨時改往四川甘孜州，在喇榮五明佛學院待幾天後，包車往德格印經院、噶陀寺、白玉寺，再南下理塘前往稻城亞丁。

車過理塘不久，路旁有片綠草地開滿繽紛野花，吸引我們停車野餐，草地另端圍繞一小岩峰掛滿五彩風馬旗，我直覺這應該是個聖地，但請教師傅，他卻不知道，因為他不是本地人。

後來偶然在網路看到理塘扎嘎神山照片，正是我們野餐之處，原來叫「扎嘎神山」，而且還是觀音菩薩、綠度母和白度母的清修聖地！

2019年4月我專程前往。先抵達理塘，理塘藏語的意思是平坦如銅鏡的草壩，因境內廣闊的毛埡大草原而得名，縣城海拔約4000公尺，有世界高城之稱，這裡人才輩出，七世達賴喇嘛、十世達賴喇嘛和第七世、八世、九世、十世帕巴拉呼圖克圖❶都轉世在此，也是第五世嘉木祥呼圖克圖、外蒙古國師三世哲布尊巴丹呼圖克圖，以及第一世、二世、三世香根活佛的故鄉。

扎嘎神山位於奔戈鄉，距理塘縣城不太遠，就在理塘往稻城的公路旁，但大多數人都過門不入，直奔稻城亞丁，只有藏民會在此佇足。

與藏區神山不同的是，扎嘎神山不是雪山，而是突出於草坡上的一個岩石峰，海拔4135公尺，山體如刀砌斧劈，險峻裸露。傳說這裡本是觀音菩薩和綠度母白度母的清修聖地，另外，

---

❶呼圖克圖是清朝政府授予藏族和蒙古族大活佛的稱呼。

有世界高原之稱的理塘縣城全貌，此照片攝於五年前，如今已更繁榮。

文殊菩薩、金剛手菩薩、觀音菩薩、蓮花生大士也都曾蒞臨此山，留下聖跡，岩石上到處都有自然顯現、大小不同的嗡嘛呢唄美吽藏文，以及太陽和月亮的圖案。

　　到此兩回不巧都遇陰天，但第一回來是夏季，野花爭艷，妝點翠綠草地，第二回來是冬末春初，草枯冷清，一片蕭瑟，只有岩峰崢嶸如昔。

　　我從神山腳一路仔細找尋，慢慢爬上半山腰，果然有大小不等的自顯藏文字和日月圖案，還有許多看似腳印的痕跡，半山腰

從奔戈鄉前往扎嘎神山途中，遠望神山崖壁就像一頭伏臥獅子的獅頭，守住山口的小寺廟。

還有幾個天然岩洞，有的直通斷崖峭壁面，有的鑽行沒多遠便碰壁，據說山上更高處還有方圓幾十丈的天然溶洞，洞內有形態各異的石筍、石柱及石佛像等。

神山正面陡壁上有一個不小的山洞，下方掛滿風馬旗，這便是噶陀持明者龍薩寧波伏藏大師取伏藏之處。十七世紀中葉，大師於光明夢境中，來到一座山崖，向東行至一處山洞，洞口有一個自然顯現的紅色舍字，護法神化爲白衣男子對大師說：「您當年藏於此處的物品，如今可以開啓了。」依夢境所示，大師來到了扎嘎神山，迎請出〈忿怒蓮師智慧烈焰〉伏藏法的黃紙空行文字。回到噶陀的關房中，將空行文字意譯爲〈智慧烈焰生圓次第〉的儀軌及導引註解，並進行了密修體證。據載大師還在此挖掘出金佛像、法螺、饒鈸等多種珍貴的伏藏品。

由於龍薩寧波大師在羊年於扎嘎神山取出伏藏，因此，每到羊年，來轉山的藏民特別多。

時隔5年，扎嘎神山冷清蕭瑟，嘛呢石堆也略顯風霜。

此岩洞即噶陀持明者龍薩寧波伏藏大師掘取《忿怒蓮師智慧烈燄》之處。

神山半山腰有大小不等的各種岩洞。

崖壁上自顯的雙吽字。

崖壁上自顯的嗡字。

崖壁上自顯的太陽月亮圖案。

一小岩洞口供奉著蓮花生大士法像。

Tips

扎嘎神山位於理塘縣奔戈鄉，距縣城17公里，緊臨S217省道公路旁。可搭開往稻城亞丁的大客車，於扎嘎神山下車，但若遇旅遊旺季，客車不給搭短程，就只能包車前往。

觀音菩薩聖地之門

理塘冷谷寺

格聶神山（左）和肖扎神山（右）衛星圖：
新冷谷寺位於山谷入口左側，背倚格聶神山；舊冷谷寺位於山谷右側，背倚肖扎神山。

冷谷寺，一個帶著詩意又有點清冷寂寞的寺名，令人看了就難以忘記。我初次知道它是在2006年底，兩名美國登山客在四川甘孜州理塘一帶失蹤，中國新聞報導：「由於他們未按照外國人來華登山管理辦法申請及登記，沒留下具體的登山路線，搜救工作無法有效展開，後來靠一位理塘的師傅和冷谷寺的喇嘛提供目擊線索，才確定了兩人去處，將搜救範圍定在格聶山。」

我當時在台灣看到這則新聞，冷谷寺，好別緻的寺名，引我遐想，在心中勾勒這位於四千多公尺高海拔的千年古寺，夾在肖扎和格聶兩座神山之間的山谷，會是怎樣的一種風貌？盼望能親往一睹真面目。

但世間許多事都如擦撞而生的火花，瞬間光亮，須臾消散，我一直沒實現拜訪冷谷寺的願望。直到撰寫本書末期，意外讀到一則於2012年8月發佈的新聞，報導四川理塘冷谷寺發現一件高約70公分的唐宋時期木雕十一面觀音像，屬珍貴文物，佛教專家考證製作時間約八世紀，早於寺廟建院300年。

報導附了那尊十一面觀音像照片，雕刻並不細膩，但木紋質樸自然，佛像看起來安祥自在。我再上網搜索冷谷寺資料，有了較完整的認識。

冷谷寺是康區最古老的噶舉派寺廟，由第一世噶瑪巴杜松欽巴於1164年創建，第七世噶瑪巴擴建，從此聲名遠播，寺僧曾多達二千餘人。

為什麼會叫冷谷寺呢？因寺廟背倚肖扎神山，面對格聶神山，格聶神山又稱崗波聖山，主峰海拔6224公尺，是康南第一高峰，被稱為藏區神山中的「第十三女神」，也是密宗勝樂金剛

途中經過的小村莊，大多建有小寺院及佛塔，信仰之虔誠令人讚歎。

的二十四大聖地之一，該山周圍大約一千二百平方公里之處，傳
說是觀世音菩薩的聖地。寺廟恰好建於二座神山之間的山谷口，
因而得名「冷谷寺」，冷谷藏語的意思係指「聖地之門」。

　　2019 年 4 月，我終於出發去圓 13 年前就動念的願望。

　　從理塘縣城到冷谷寺約一百一十三公里，以前是土石路，不
好走，後面路段還只能徒步。二年前修了柏油路通到半途的喇嘛
埡鄉，之後一段是水泥路，只剩最後大約四公里，仍是崎嶇不
平、塵土飛揚的土石路。

　　途中翻越海拔 4770 公尺的山口，格聶神山連綿雪山在天際
現身，隨著山道繞行，下溪谷，翻山口，雪山也時隱時現，途中
還經過不少村落。

足足花了三小時才遠遠看見冷谷寺，但卻和我看到的網路圖片不同，向師傅求證，原來這是近幾年才開始興建的新冷谷寺，我趕緊告訴師傅我想去的是舊冷谷寺，師傅說舊冷谷寺只能徒步，單程就要一小時多，無法等我那麼久。唉，只怪自己疏忽事先沒弄清楚有新舊寺之分。

　　那麼，至少要瞻仰那尊木雕十一面觀音像及著名的鎮寺三寶吧！懷抱一絲希望，在建寺工人指引下，於一旁小殿找到兩位喇嘛，鎮寺三寶保存在新寺，要看須付錢，一寶二十元，雖然覺得這規則有點怪，但就當護持寺廟吧。

　　老喇嘛帶我到一旁上鎖的小房間，請出母鹿角化石和第三世噶瑪巴從石中取出的左旋海螺，另外那件被譽為格聶神山心臟的礦石（由礦物凝聚而成，上有自然形成的各種紋路），由寺廟管家保管，管家外出，無緣拜見。

　　我秀出自網路翻拍的那尊十一面木雕觀音圖片請教，沒想到老喇嘛和年輕喇嘛都搖頭表示不知道，我想起那份報導提到：「專家建議對冷古寺現存文物應升級為國家級文物加強保護和管理。」哎，該不會是被送到國家單位保護去了吧？

Tips

冷谷寺位於理塘縣章納鄉，距縣城113公里，開車可抵達新冷谷寺，但舊冷谷寺只能徒步，單程一小時多。這一帶海拔很高，最好在之前幾天已適應高海拔，否則至此會有高反，寸步難行。

位於虎平壩旁的此凹地被稱為格聶碗，原本是一小湖泊，近年已漸乾涸。

虎平壩往上不久，師傅告訴我這塊巨石上面有自顯的嗡嘛呢唄美吽。

翻越海拔4770公尺山口後，遠方一排雪山崛起，最左側的龐大山體即格聶神山。

位於格聶神山腳的新冷谷寺,海拔4000公尺,有二百多位僧人。神山此面為陽面,積雪較少。

土路車道通往新冷谷寺；舊冷谷寺則需沿山谷右側山腰小路往上爬，約一小時多步程。

尚未完工的新冷谷寺大殿大門，雕鏤細緻。

新冷谷寺大殿內部供奉的新塑十一面千手千眼觀音。

鎮寺三寶中的二寶：母鹿角化石和第三世噶瑪巴從石中取出的左旋海螺。

世界最大的轉經輪

娘瑪寺大藏經轉經輪

娘瑪寺圓柱型的大藏經轉經輪，後方是四方型的六字真言塔。

2005 年 5 月我獨行滇藏川兩個月，旅程開始沒多久，在雲南迪慶藏族自治州中甸縣獨克宗古城遇見世界最高最大的轉經輪，須數人同時出力才能轉動。

這個轉經輪是為了紀念中甸縣更名為香格里拉縣而建，位於獨克宗古城北入口廣場一側的龜山公園小山丘上，是古城的最高點，可以看到大半個縣城，一旁還有座融和藏漢風格的寺廟。轉經筒高 21 公尺，總重六十噸，外壁為純銅鍍金，浮雕文殊、普賢、觀音和地藏四大菩薩，以及法螺、法輪、吉祥結、寶傘、法幢、蓮花、寶瓶、雙魚等吉祥八寶。轉經輪內部裝藏有〈六字真言〉一百二十多萬條和各種佛寶十六噸。

2018 年，我前往青海省海南藏族自治州貴德縣朝聖蓮師聖地，在貴德汽車站等車時，看到牆面貼了一張貴德縣旅遊景區分佈圖海報，「貴德中華福運輪」被列為景點之一，號稱是世界最大的轉經輪。

「咦，難道獨克宗古城大經輪世界第一的紀錄被取代了？」

好奇心驅使下，我前往一探究竟。

中華福運輪位於黃河南岸濱河路，景區佔地九十多畝，由中華福運輪文化旅遊有限公司投資興建，須購門票，票價還不便宜，原價約台幣四百元，冬季及年過六十歲另有優惠價。

一進景區，廣場上立有石碑詳細介紹：

> 依《觀音除暗燈續》記載：「若依四大來旋轉，速成所求諸事業。」中華福運輪集水、火、風、土四大及手轉經輪於一體，賜福於風和水所經之地，饒

從獨克宗古城的大轉經輪可俯瞰大半個古城。

益有情。總體造型取義〈觀音心咒〉中的「嘛呢唄
咪」，「嘛呢」意為珍寶，「唄咪」為蓮花，從黃河
水盛開雙層花瓣之蓮花，以蓮花為基座，托起矗立的
如意珍寶。轉經輪總高43公尺，經筒高27公尺，直
徑10.22公尺，裝藏《甘珠爾》二百部及嘛呢經等。
經筒外部使用黃銅精工製作，飾有金箔。

我2005年於雲南香格里拉獨克宗古城,看見藏民合力轉動世界最高最大的轉經輪時,內心一陣澎湃。

蓮花基座的內部設計成佛教文化博物館，展覽佛教源起、傳播，藏傳佛教派別及各大寺廟介紹，〈六字真言〉的功德等等，圖文並茂，並提供祈福牌及已裝藏開光的黃財神、四臂觀音、藥師佛等佛像讓人請供。

　　最特別的是輪中有輪，大轉經輪的中央內部有一小型水轉嘛呢輪，高3.6公尺，直徑2.1公尺，內藏三十億〈六字真言〉，轉動的動力來自黃河之水流，每自轉一圈，就以三十億〈六字真言〉的功德加持六道眾生。

　　於2012年4月，以全世界直徑最大、高度最高、轉動方式獨特的藏式轉經輪通過認證，成功獲得世界吉尼斯紀錄證書。

　　後來查閱資料，原來貴德中華福運輪世界第一的頭銜不是取代香格里拉獨克宗古城轉經輪，二者之間還有一個世界第一大轉經輪的紀錄，是位於甘肅省張掖市肅南裕固族自治縣城以南的「香巴拉卻科」大經輪，直徑9公尺，高度將近27公尺，重達一百五十多噸，於2011年8月通過世界紀錄協會認證，刷新了由香格里拉獨克宗古城大經輪保持將近十年的世界第一紀錄。

　　不過，香巴拉卻科大經輪世界第一的紀錄只維持不到一年，於2012年4月就被貴德中華福運輪取代了。

　　喔，原來貴德中華福運輪是第三個出現的世界最大轉經輪。

　　只是世事難料，在我看到貴德中華福運輪時，它也已又被取代了。

　　2018年8月，甘肅省甘南藏族自治州瑪曲縣阿萬倉鎮娘瑪寺大藏經轉經輪落成，挑戰吉尼斯世界紀錄成功，成為目前世界上最大的轉經筒輪。

青海省海南藏族自治州貴德縣的中華福運輪，蓮花基座造型優美。

娘瑪寺入口處的山門造型特殊。

　　貴德中華福運輪保持六年之久的世界第一頭銜，變成世界第二了。

　　娘瑪寺大藏經轉經輪建築總高度42公尺多，其中，轉經筒高度將近38公尺，旋轉經輪總重量達三百二十噸，筒身部份為鈦金製作，外部鑲嵌浮雕佛像，花紋貼純黃金金箔，由尼泊爾工

匠使用黃金純手工鍛鑄鎏金而成，內部裝有《大藏經》約十一萬冊，光是經書的重量就有八十六噸。

2019年3月底，我親探廬山真面目，黃河的藏語發音就是「瑪曲」，意思是「母親河」。黃河自西向東從青海久治縣進入瑪曲縣，在瑪曲境內蜿蜒四百多公里，形成了「天下九曲黃河第一彎」的美景，也因水瀉不暢形成許多沼澤溼地，遍佈廣袤草原，水草豐茂，牛羊多如繁星。

阿萬倉鎮距瑪曲縣城54公里，位在黃河臂彎裡。娘瑪寺由康區多智欽寺喇嘛奧達創建於1834年，原本位於黃河邊，100年後才遷至阿萬倉鎮外開闊的扎西貢色草灘，寺廟四周圍繞溼地和小河，路口立牌漢藏文標示「寧瑪寺」，之前看到的資料大多稱娘瑪寺，也有少數稱寧瑪寺，原來是同一寺，只是被譯成不同漢字。寧瑪的藏文意思是「古舊」。

若是夏日來，四周景觀會是清澈河水在碧綠草原上迴旋，野花遍佈，而此際地面冰雪未化、草上及水面也還覆蓋著一層薄冰，景觀蕭瑟，但那些專注虔誠繞轉的藏民身影及低低的持咒聲，卻為清冷的天地注入了滿溢的溫暖祥和。

我加入藏民行列，繞轉六字真言塔和大藏經轉經輪，此處海拔3500公尺，不遠處雪山盤踞，溫度攝氏零下三度，四周空曠，寒風冷冽刺骨，每位藏民都穿著厚重藏袍，戴帽戴口罩，速度或快或慢。

我才繞轉一會兒，就凍得直打哆嗦，而他們不知已繞轉多久了，還有以大禮拜方式繞轉的，還有行動不便一拐一拐繞轉的……

供奉在六字真言塔基座上的雪域三怙主石刻畫，上為四臂觀音，左為文殊菩薩，右為金剛手菩薩。

繞轉六字真言塔的藏民絡繹不絕。

娘瑪寺大殿和藏經閣。

Tips

娘瑪寺大藏經轉經輪位於甘南州瑪曲縣阿萬倉鎮，蘭州有直達瑪曲的班車，若從成都出發則須先搭直達若爾蓋班車，再轉車往瑪曲，然後於瑪曲汽車南站搭往木西合班車在阿萬倉鎮下車，或與人拼車前往。娘瑪寺大藏經轉經輪位於阿萬倉鎮外約3公里處。

大家一起來持誦觀音心咒

原本對觀音菩薩就虔誠相信，撰寫本書過程，走訪了和觀音菩薩有關的聖地，又大量閱讀相關資料，看到藏漢二地眾多顯密高僧、居士大德持六字大明咒獲得大成就及殊勝感應的事蹟，更令我信心無以復加。

頂果欽哲法王一生持誦〈六字大明咒〉超過一億遍，著作《嗡嘛呢唄美吽──證悟者的心要寶藏》提到：

> 「在此末法時期，因為人們智力有限、缺乏決心，所以需要以精要形式來修習佛法。視上師與觀世音菩薩無二無別的虔誠心，配合嘛呢咒持誦的修法，正符合此精簡的需求。此咒非常容易念誦，也濃縮了所有佛教經典的要義。它是觀世音菩薩的心要，所帶來的加持是無盡的。」

法王如意寶晉美彭措圓寂前，最後一次對大眾講話是在「極樂法會」，給後人留下了四點開示：

一、誠心祈禱阿彌陀佛，發願往生極樂世界。
二、發菩提心，以慈悲心來對待眾生。
三、盡量守持一分戒以上，這一分戒也主要指不殺生。

四、末法時代，〈觀音心咒〉轉經輪度化眾生的緣起
　　非常成熟，每個修行人要經常使用。

　　不僅近代大成就者推崇嘛呢咒和嘛呢轉經輪（內裝藏嘛呢咒），早在七世紀，有第二佛之美譽的蓮花生大士，於未來授記中也開示：

　　　　「我前赴西南方後，將來調伏一切羅剎的驗相即
　　　是〈六字真言〉經輪將在邊地興盛，那時，凡是轉經
　　　輪以及見到、聽到、憶念和接觸經輪，甚至其風吹到
　　　的一切地方的人們，暫時可成辦吉祥諸事，清淨罪
　　　障，最終獲得菩提等，有無量功德。」

　　唵嘛呢唄美吽，這看似簡單的六個字，蘊涵著無比強大的力量。十九世紀偉大成就者巴楚仁波切（或稱巴珠仁波切、華智仁波切）曾綜理教法，撰寫簡要易於記誦的八十二偈傳授給弟子，其中就有四句偈：

　　　　一尊諸佛總集觀世音，一咒心要總集嘛呢咒，
　　　一法生圓總集菩提心，一悟解脫一切誦嘛呢。

　　祈願對觀音菩薩具足歡喜心和信心的有緣者，一起來持誦〈觀音心咒〉。
　　唵嘛呢唄美吽，唵嘛呢唄美吽，唵嘛呢唄美吽……。

JB0001	狂喜之後	傑克・康菲爾德◎著	380元
JB0002	抉擇未來	達賴喇嘛◎著	250元
JB0003	佛性的遊戲	舒亞・達斯喇嘛◎著	300元
JB0004	東方大日	邱陽・創巴仁波切◎著	300元
JB0005	幸福的修煉	達賴喇嘛◎著	230元
JB0006	與生命相約	一行禪師◎著	240元
JB0007	森林中的法語	阿姜查◎著	320元
JB0008	重讀釋迦牟尼	陳兵◎著	320元
JB0009	你可以不生氣	一行禪師◎著	230元
JB0010	禪修地圖	達賴喇嘛◎著	280元
JB0011	你可以不怕死	一行禪師◎著	250元
JB0012	平靜的第一堂課──觀呼吸	德寶法師 ◎著	260元
JB0013X	正念的奇蹟	一行禪師◎著	220元
JB0014X	觀照的奇蹟	一行禪師◎著	220元
JB0015	阿姜查的禪修世界──戒	阿姜查◎著	220元
JB0016	阿姜查的禪修世界──定	阿姜查◎著	250元
JB0017	阿姜查的禪修世界──慧	阿姜查◎著	230元
JB0018X	遠離四種執著	究給・企千仁波切◎著	280元
JB0019X	禪者的初心	鈴木俊隆◎著	220元
JB0020X	心的導引	薩姜・米龐仁波切◎著	240元
JB0021X	佛陀的聖弟子傳1	向智長老◎著	240元
JB0022	佛陀的聖弟子傳2	向智長老◎著	200元
JB0023	佛陀的聖弟子傳3	向智長老◎著	200元
JB0024	佛陀的聖弟子傳4	向智長老◎著	260元
JB0025	正念的四個練習	喜戒禪師◎著	260元
JB0026	遇見藥師佛	堪千創古仁波切◎著	270元
JB0027	見佛殺佛	一行禪師◎著	220元
JB0028	無常	阿姜查◎著	220元
JB0029	覺悟勇士	邱陽・創巴仁波切◎著	230元
JB0030	正念之道	向智長老◎著	280元
JB0031	師父──與阿姜查共處的歲月	保羅・布里特◎著	260元

JB0067	最勇敢的女性菩薩——綠度母	堪布慈囊仁波切◎著	350元
JB0068	建設淨土——《阿彌陀經》禪解	一行禪師◎著	240元
JB0069	接觸大地—與佛陀的親密對話	一行禪師◎著	220元
JB0070	安住於清淨自性中	達賴喇嘛◎著	480元
JB0071/72	菩薩行的祕密【上下冊】	佛子希瓦拉◎著	799元
JB0073	穿越六道輪迴之旅	德洛達娃多瑪◎著	280元
JB0074	突破修道上的唯物	邱陽・創巴仁波切◎著	320元
JB0075	生死的幻覺	白瑪格桑仁波切◎著	380元
JB0076	如何修觀音	堪布慈囊仁波切◎著	260元
JB0077	死亡的藝術	波卡仁波切◎著	250元
JB0078	見之道	根松仁波切◎著	330元
JB0079	彩虹丹青	祖古・烏金仁波切◎著	340元
JB0080	我的極樂大願	卓千拉貢仁波切◎著	260元
JB0081	再捻佛語妙花	祖古・烏金仁波切◎著	250元
JB0082	進入禪定的第一堂課	德寶法師◎著	300元
JB0083	藏傳密續的真相	圖敦・耶喜喇嘛◎著	300元
JB0084	鮮活的覺性	堪千創古仁波切◎著	350元
JB0085	本智光照	遍智　吉美林巴◎著	380元
JB0086	普賢王如來祈願文	竹慶本樂仁波切◎著	320元
JB0087	禪林風雨	果煜法師◎著	360元
JB0088	不依執修之佛果	敦珠林巴◎著	320元
JB0089	本智光照—功德寶藏論　密宗分講記	遍智　吉美林巴◎著	340元
JB0090	三主要道論	堪布慈囊仁波切◎講解	280元
JB0091	千手千眼觀音齋戒—紐涅的修持法	汪遷仁波切◎著	400元
JB0092	回到家，我看見真心	一行禪師◎著	220元
JB0093	愛對了	一行禪師◎著	260元
JB0094	追求幸福的開始：薩迦法王教你如何修行	尊勝的薩迦法王◎著	300元
JB0095	次第花開	希阿榮博堪布◎著	350元
JB0096	楞嚴貫心	果煜法師◎著	380元
JB0097	心安了，路就開了：讓《佛說四十二章經》成為你人生的指引	釋悟因◎著	320元
JB0098	修行不入迷宮	札丘傑仁波切◎著	320元
JB0099	看自己的心，比看電影精彩	圖敦・耶喜喇嘛◎著	280元
JB0100	自性光明——法界寶庫論	大遍智　龍欽巴尊者◎著	480元

JB0131	大手印之心：噶舉傳承上師心要教授	堪千創古仁切波◎著	500元
JB0132	平心靜氣：達賴喇嘛講《入菩薩行論》〈安忍品〉	達賴喇嘛◎著	380元
JB0133	念住內觀：以直觀智解脫心	班迪達尊者◎著	380元
JB0134	除障積福最強大之法——山淨煙供	堪祖蘇南給稱仁波切◎著	350元

橡樹林文化 ❖❖ 成就者傳紀系列 ❖❖ 書目

JS0001	惹瓊巴傳	堪千創古仁波切◎著	260元
JS0002	曼達拉娃佛母傳	喇嘛卻南、桑傑‧康卓◎英譯	350元
JS0003	伊喜‧措嘉佛母傳	嘉華‧蔣秋、南開‧寧波◎伏藏書錄	400元
JS0004	無畏金剛智光：怙主敦珠仁波切的生平與傳奇	堪布才旺‧董嘉仁波切◎著	400元
JS0005	珍稀寶庫——薩迦總巴創派宗師貢嘎南嘉傳	嘉敦‧強秋旺嘉◎著	350元
JS0006	帝洛巴傳	堪千創古仁波切◎著	260元
JS0007	南懷瑾的最後100天	王國平◎著	380元
JS0008	偉大的不丹傳奇‧五大伏藏王之一 貝瑪林巴之生平與伏藏教法	貝瑪林巴◎取藏	450元
JS0009	噶舉三祖師：馬爾巴傳	堪千創古仁波切◎著	300元
JS0010	噶舉三祖師：密勒日巴傳	堪千創古仁波切◎著	280元
JS0011	噶舉三祖師：岡波巴傳	堪千創古仁波切◎著	280元
JS0012	法界遍智全知法王——龍欽巴傳	蔣巴‧麥堪哲‧史都爾◎著	380元
JS0013	藏傳佛法最受歡迎的聖者—— 瘋聖竹巴袞列傳奇生平與道歌	格西札浦根敦仁欽◎藏文彙編	380元
JS0014	大成就者傳奇：54位密續大師的悟道故事	凱斯‧道曼◎英譯	500元

橡樹林文化 ❖❖ 蓮師文集系列 ❖❖ 書目

JA0001	空行法教	伊喜・措嘉佛母輯錄付藏	260元
JA0002	蓮師傳	伊喜・措嘉記錄撰寫	380元
JA0003	蓮師心要建言	艾瑞克・貝瑪・昆桑◎藏譯英	350元
JA0004	白蓮花	蔣貢米龐仁波切◎著	260元
JA0005	松嶺寶藏	蓮花生大士◎著	330元
JA0006	自然解脫	蓮花生大士◎著	400元
JA0007/8	智慧之光1/2	根本文◎蓮花生大士／釋論◎蔣貢・康楚	799元
JA0009	障礙遍除：蓮師心要修持	蓮花生大士◎著	450元

橡樹林文化 ❖❖ 朝聖系列 ❖❖ 書目

| JK0001 | 五台山與大圓滿：文殊道場朝聖指南 | 菩提洲◎著 | 500元 |
| JK0002 | 蓮師在西藏：大藏區蓮師聖地巡禮 | 邱常梵◎著 | 700元 |

橡樹林文化 ❖❖ 圖解佛學系列 ❖❖ 書目

| JL0001 | 圖解西藏生死書 | 張宏實◎著 | 420元 |
| JL0002X | 圖解佛教八識 | 洪朝吉◎著 | 260元 |

JP0139	我還記得前世	凱西・伯德◎著	360元
JP0140	我走過一趟地獄	山姆・博秋茲◎著 貝瑪・南卓・泰耶◎繪	699元
JP0141	寇斯的修行故事	莉迪・布格◎著	300元
JP0142	全然接受這樣的我： 18個放下憂慮的禪修練習	塔拉・布萊克◎著	360元
JP0143	如果用心去愛，必然經歷悲傷	喬安・凱恰托蕊◎著	380元
JP0144	媽媽的公主病： 活在母親陰影中的女兒，如何走出自我？	凱莉爾・麥克布萊德博士◎著	380元
JP0145	創作，是心靈療癒的旅程	茱莉亞・卡麥隆◎著	380元
JP0146	一行禪師　與孩子一起做的正念練習： 灌溉生命的智慧種子	一行禪師◎著	450元
JP0147	達賴喇嘛的御醫，告訴你治病在心的 藏醫學智慧	益西・東登◎著	380元
JP0148	39本戶口名簿：從「命運」到「運命」・ 用生命彩筆畫出不凡人生	謝秀英◎著	320元
JP0149	禪心禪意	釋果峻◎著	300元
JP0150	當孩子長大卻不「成人」……接受孩子不 如期望的事實、放下身為父母的自責與內 疚，重拾自己的中老後人生！	珍・亞當斯博士◎著	380元
JP0151	不只小確幸，還要小確「善」！每天做一 點點好事，溫暖別人，更為自己帶來365 天全年無休的好運！	奧莉・瓦巴◎著	460元
JP0154	祖先療癒：連結先人的愛與智慧，解決個人、 家庭的生命困境，活出無數世代的美好富足！	丹尼爾・佛爾◎著	550元
JP0155	母愛的傷也有痊癒力量：說出台灣女兒們 的心裡話，讓母女關係可以有解！	南琦◎著	350元
JP0156	24節氣　供花禮佛	齊云◎著	550元
JP0157	用瑜伽療癒創傷： 以身體的動靜，拯救無聲哭泣的心	大衛・艾默森 伊麗莎白・賀伯 ◎著	380元
JP0158	命案現場清潔師：跨越生與死的斷捨離・ 清掃死亡最前線的真實記錄	盧拉拉◎著	330元
JP0159	我很瞎，我是小米酒： 台灣第一隻全盲狗醫生的勵志犬生	杜韻如◎著	350元
JP0160	日本神諭占卜卡： 來自眾神、精靈、生命與大地的訊息	大野百合子◎著	799元
JP0161	宇宙靈訊之神展開	王育惠、張景雯◎著繪	380元
JP0162	哈佛醫學專家的老年慢療八階段：用三十年 照顧老大人的經驗告訴你，如何以個人化的 照護與支持，陪伴父母長者的晚年旅程。	丹尼斯・麥卡洛◎著	450元

朝聖系列　JK0003

觀音在西藏：遇見世間最美麗的佛菩薩

作　　　者／邱常梵
特 約 編 輯／胡琡珮
協 力 編 輯／汪姿郡
業　　　務／顏宏紋

總 編 輯／張嘉芳
出　　　版／橡樹林文化
　　　　　　城邦文化事業股份有限公司
　　　　　　104台北市民生東路二段141號5樓
　　　　　　電話：(02)2500-7696　傳眞：(02)2500-1951
發　　　行／英屬蓋曼群島商家庭傳媒股份有限公司城邦分公司
　　　　　　104台北市中山區民生東路二段141號2樓
　　　　　　客服服務專線：(02)25007718；25001991
　　　　　　24小時傳眞專線：(02)25001990；25001991
　　　　　　服務時間：週一至週五上午09:30～12:00；下午13:30～17:00
　　　　　　劃撥帳號：19863813　戶名：書虫股份有限公司
　　　　　　讀者服務信箱：service@readingclub.com.tw
香港發行所／城邦（香港）出版集團有限公司
　　　　　　香港灣仔駱克道193號東超商業中心1樓
　　　　　　電話：(852)25086231　傳眞：(852)25789337
　　　　　　Email：hkcite@biznetvigator.com
馬新發行所／城邦（馬新）出版集團【Cité (M) Sdn.Bhd. (458372 U)】
　　　　　　41, Jalan Radin Anum, Bandar Baru Sri Petaling,
　　　　　　57000 Kuala Lumpur, Malaysia.
　　　　　　電話：(603) 90578822　傳眞：(603) 90576622
　　　　　　Email：cite@cite.com.my

封面設計／兩棵酸梅
內文排版／歐陽碧智
印　　　刷／韋懋實業有限公司

初版一刷／2019年10月
ISBN／978-986-97998-3-6
定價／700元

城邦讀書花園
www.cite.com.tw

國家圖書館出版品預行編目（CIP）資料

觀音在西藏：遇見世間最美麗的佛菩薩／邱常梵作.
-- 初版. -- 臺北市：橡樹林文化，城邦文化出版：家
庭傳媒城邦分公司發行，2019.10
　　面；　　公分. --（朝聖系列；JK0003）
ISBN 978-986-97998-3-6（平裝）

1.朝聖　2.觀世音菩薩　3.寺院　4.西藏自治區

224.9　　　　　　　　　　　　　　　　108015179

廣 告 回 函
北區郵政管理局登記證
北 台 字 第 10158 號
郵資已付　免貼郵票

104 台北市中山區民生東路二段 141 號 5 樓

城邦文化事業股份有限公司

橡樹林出版事業部　收

請沿虛線剪下對折裝訂寄回，謝謝！

｜橡｜樹｜林｜

書名：觀音在西藏：遇見世間最美麗的佛菩薩　書號：JK0003

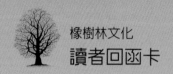

橡樹林文化

讀者回函卡

感謝您對橡樹林出版社之支持，請將您的建議提供給我們參考與改進；請別忘了給我們一些鼓勵，我們會更加努力，出版好書與您結緣。

姓名：＿＿＿＿＿＿＿＿＿＿＿　□女　□男　　生日：西元＿＿＿＿＿年

Email：＿＿＿＿＿＿＿＿＿＿＿＿＿＿＿＿＿＿＿＿＿＿＿＿＿＿＿

● 您從何處知道此書？

　　□書店　□書訊　□書評　□報紙　□廣播　□網路　□廣告 DM　□親友介紹

　　□橡樹林電子報　□其他＿＿＿＿＿＿＿＿＿

● 您以何種方式購買本書？

　　□誠品書店　□誠品網路書店　□金石堂書店　□金石堂網路書店

　　□博客來網路書店　□其他＿＿＿＿＿＿＿＿

● 您希望我們未來出版哪一種主題的書？（可複選）

　　□佛法生活應用　□教理　□實修法門介紹　□大師開示　□大師傳記

　　□佛教圖解百科　□其他＿＿＿＿＿＿＿＿

● 您對本書的建議：

＿＿＿＿＿＿＿＿＿＿＿＿＿＿＿＿＿＿＿＿＿＿＿＿＿＿＿＿＿＿＿＿＿

＿＿＿＿＿＿＿＿＿＿＿＿＿＿＿＿＿＿＿＿＿＿＿＿＿＿＿＿＿＿＿＿＿

＿＿＿＿＿＿＿＿＿＿＿＿＿＿＿＿＿＿＿＿＿＿＿＿＿＿＿＿＿＿＿＿＿

＿＿＿＿＿＿＿＿＿＿＿＿＿＿＿＿＿＿＿＿＿＿＿＿＿＿＿＿＿＿＿＿＿

＿＿＿＿＿＿＿＿＿＿＿＿＿＿＿＿＿＿＿＿＿＿＿＿＿＿＿＿＿＿＿＿＿